필승합격 일본어능력시험

N1 한자 800

아스크출판 편집부 저

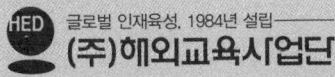
글로벌 인재육성, 1984년 설립
(주)해외교육사업단

머리말

　일본어 학습자의 가장 큰 어려움은 한자 공부라고 합니다. 어느 학자는 일본어의 70%가 한자어라고 말합니다. 한국어도 우리가 인식하지 못하지만, 실제 한자어가 차지하는 비중은 비슷합니다. 한국의 초·중·고등학교에서 한자 수업 시간이 적기 때문에 한자를 읽거나 의미를 이해하기 어렵습니다. 하지만 한국어로 읽고 이해한다면 일본어로 읽을 수는 없더라도 그 한자의 뜻을 이해할 수 있기 때문에 그만큼 일본어는 쉽게 느껴질 것입니다.

　이 책은 학습자의 레벨에 맞추어 단계적으로 학습해 간다는 전제 아래 일본에서 편집된 내용을 한국어판으로 다시 편집한 것입니다. 한국어판 편집에 따른 이 책의 특징을 간략히 설명합니다.

1. 한국어 한자의 읽기를 병기하여 친밀감을 추가

　일본어판 편집에 근거하여 해외교육사업단에서는 한국어로 해당 한자의 뜻과 읽기를 추가하였습니다. 한 글자에 하나 또는 두개의 뜻과 읽기가 있는 것을 알기 쉽게 한글로 표기하였습니다. 또한 신자체로 된 일본어 한자와 구자체로 된 한국어 한자는 그 모양이 서로 조금 다른 경우도 있습니다. 그러한 경우에는 한국어 한자인 구자체를 추가하였습니다.

2. 한자의 읽기와 듣기의 동시 학습이 가능

　이 책에 수록된 모든 한자에 대해서는 각 챕터 별로 한자의 단어를 읽은 음성 파일을 제공합니다. 눈으로 보면서 귀로 듣는 행위는 기억력을 향상시켜 줍니다. PC로도 접속이 가능하지만, 모바일로 접속하여 휴대가 편리한 작은 사이즈의 이 책을 보면서 어디서든 집중 학습이 가능합니다.

3. 한자 쓰기 순서도 자연스레 익힌다

　한자를 배우는 초보 단계에서부터 쓰기를 연습하면 더욱 확실하게 한자를 암기할 수 있습니다. 그러나 대부분의 학습자는 쓰기에 대해 시간 상의 여유가 없다

거나 쓰는 행위를 귀찮아 합니다. 하지만 이 책에서는 한자의 쓰는 순서에 따라 인쇄가 되어 있으므로 눈으로 확인하는 것만으로도 쓰는 학습 효과를 얻을 수 있습니다. 손으로 쓰지 못해도 눈으로 쓴다고 생각하면서 이미지 필기를 하시면 됩니다. 또한 한 칸에 한 획 씩 추가되므로 칸 수로 획수도 계산됩니다.

4.학습 진도에 따라 온라인으로 확인 테스트

각 챕터의 학습이 끝나면 스스로의 학습 내용을 체크하는 <확인 테스트>를 온라인으로 또는 PDF로도 할 수 있습니다. 각 챕터 별로 40문제가 제공되므로 총 400문제가 제공됩니다. 문제를 풀고 자신의 점수를 확인할 수 있으며 정답보기를 누르면 모든 문제의 정답이 보이고 오답과 정답을 체크해 줍니다.

5. 암기용 셀로판지를 제공

이 책의 수록 내용을 암기하려면 셀로판지를 이용하여 빨간색으로 표기된 음독, 훈독, 가나읽기 부분을 가리고 학습하는 것이 좋습니다. 처음에는 빨간색 글자를 보면서 학습하고 복습을 할 때에는 셀로판지를 대고 빨간색 부분을 읽을 수 있는지 확인해 보시기 바랍니다.

6.학습계획표를 알려 드립니다.

이 책은 N2 한자의 확인 리스트 외에 10개의 챕터로 구성되어 있습니다. 개인차가 있을 수 있지만, 대략적으로 한 주에 한 챕터 씩을 공부한다면 12주 정도에 이 책 한권을 마스터하도록 학습계획표를 작성할 것을 권해 드립니다. 열심히 하는 분은 한 주에 2개 챕터로 6주에 마스터하는 것도 가능할 것입니다.

다음 페이지의 학습계획표를 참조해 주십시오.

[필승합격 일본어능력시험 N1 한자 800 학습계획표]

학습기간	Week01	Week02	Week03	Week04
한자 번호	N2 한자 확인 리스트	N2 한자 확인 리스트	N1 한자 001~078	N1 한자 079~156
페이지	11~27	28~45	47~74	75~102
온라인 테스트	-	-	/40	/40
학습기간	Week05	Week06	Week07	Week08
한자 번호	N1 한자 157~234	N1 한자 235~306	N1 한자 307~378	N1 한자 379~450
페이지	103~130	131~156	157~182	183~208
온라인 테스트	/40	/40	/40	/40
학습기간	Week09	Week10	Week11	Week12
한자 번호	N1 한자 451~522	N1 한자 523~594	N1 한자 595~660	N1 한자 661~800
페이지	209~234	235~260	261~284	285~321
온라인 테스트	/40	/40	/40	/40

이 외에도 시험에 나오는 1700개의 어휘를 수록하는 한편, 학습 효과를 도모하는 세련된 편집 레이아웃이 바탕에 깔려 있습니다. 여러분의 학습에 큰 도움이 되기를 바랍니다.

해외교육사업단

편저자의 말

이 책은 일본어능력시험의 각 레벨에 대응하는 한자 시리즈의 한 권이며 N1 합격에 필요한 한자와 한자 어휘를 학습하는 책입니다.

일본어능력시험의 공식문제집이나 시험대책서 등을 분석하여 N1 시험에 나오는 한자 800자를 엄선하였습니다. 800자 속에는 암기할 필요가 있으나 과거 시험에서의 출제빈도가 낮은 한자도 들어 있습니다. 그렇기 때문에 출제빈도가 높지 않은 한자는 장의 후반에 정리하여 수록하였습니다.

먼저 출제빈도가 높은 한자를 완벽하게 암기한 다음에 더 높은 고득점을 향하여 학습에 정진해 주시기 바랍니다. 또한 한자 어휘력의 유무에 따라 시험 결과가 크게 달라집니다. 그렇기 때문에 N1시험에 나올 가능성이 높은 어휘 약 1700개를 수록하였습니다.

한자의 배열 순서에 대해서는 한자의 부수가 비슷한 것들을 모아 배열하였습니다. 그리하여 차이에 주목하고 한자의 모양을 이미지화하기 쉽다고 생각할 수 있습니다.

암기한 한자는 온라인 테스트로 복습할 수 있습니다. 한자 어휘의 정착을 도모하는 테스트 외에 JLPT 형식의 연습문제도 준비되어 있으므로 시험 준비로 이어집니다. 또한 모든 한자 단어의 읽기는 음성파일로 제공되므로 듣고 암기하는 학습 방법도 이용이 가능합니다.

N2 레벨의 한자 확인 리스트도 준비되어 있습니다. 우선 N1 보다 아래 레벨의 한자가 복습되었는지 체크한 후 N1 한자의 학습에 들어가 주십시오.

이 책은 컴팩트한 판형이므로 들고 다니기 편리하여 자투리 시간을 이용한 한자 학습이 가능합니다. 이 책으로 한자를 공부하는 여러분이 시험에 합격할 수 있도록 진심으로 기원합니다.

아스크출판사 편집부

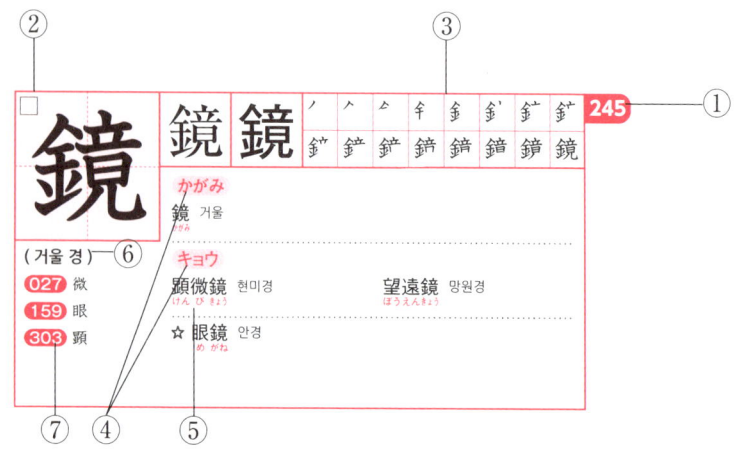

이 책의 사용법

① 한자의 번호입니다.
② 체크박스입니다. 암기한 후 체크를 합시다.
③ 한자의 쓰는 순서입니다. 책을 보면서 종이 등에 써서 연습합시다.
④ 한자의 훈독과 음독입니다. 훈독은 히라가나로, 음독은 가타카나로 표기되어 있습니다. 또한 시험에 대비하여 암기해야 할 필요가 있는 읽기는 빨간색이며, 그 외는 검은색입니다. 필요에 따라 암기하십시오.
⑤ 어휘의 읽기입니다. 대상 한자를 사용한 N1 시험에 나올 가능성이 높은 어휘를 엄선했습니다. 일본어능력시험에는 한자가 어휘에 포함되는 형태로 출제되므로 한자 공부를 한 후에 어휘도 암기합시다. 암기해야 할 필요가 있는 읽기는 빨간색입니다. 소리를 내어 읽고 연습합시다. ☆는 특별한 읽기가 있는 어휘입니다. 그대로 암기합시다.
⑥ 해당 한자의 한국에서의 읽는 법을 제시하고 한국식 한자 표기가 별도로 있는 경우에는 그것을 구자체로 제시하였습니다.
⑦ 이 어휘에 포함되고 이 책의 800자에도 포함되는 관련 한자의 번호입니다.

음성파일 이용 가이드

STEP1

각 챕터 마지막 페이지에 QR코드가 있으므로 휴대 단말기(스마트폰이나 태블릿)로 읽어 주십시오.

※PC로 접속할 시에는 URL을 입력합니다.

STEP2

QR코드를 읽으면 「필승합격 일본어능력시험 시리즈 자료실」로 이동합니다. 좌측 상단의 「필승합격 JLPT 한자」를 클릭하면 해당 도서의 자료가 있는 곳으로 이동합니다.

자신이 해당하는 레벨의 「음성파일 다운로드」를 클릭하여 음성파일을 다운로드 합니다.

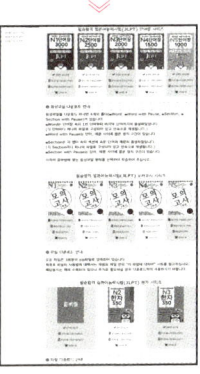

STEP3

자신이 듣고 싶은 챕터의 음성파일을 선택하여 듣습니다.

※음성파일은 각 챕터별로 나뉘어져 있으며 해당 챕터에 속한 한자어 단어를 읽은 음성입니다.

※각 단어 사이의 정지 구간은 매우 짧으므로 챕터를 전체적으로 듣는 것을 추천합니다.

온라인 테스트 이용 가이드

STEP1

각 챕터 마지막 페이지에 QR코드가 있으므로 휴대 단말기(스마트폰이나 태블릿)로 읽어 주십시오.
※PC로 접속할 시에는 URL을 입력합니다.

STEP2

QR코드를 읽으면「필승합격 일본어능력시험 시리즈 자료실」로 이동합니다. 좌측 상단의「필승합격 JLPT 한자」를 클릭하면 해당 도서의 자료가 있는 곳으로 이동합니다.

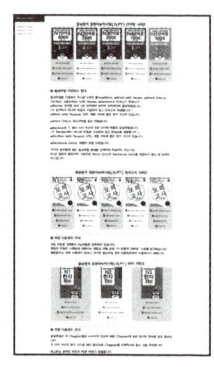

STEP3

자신이 해당하는 레벨의「온라인 테스트」를 클릭합니다.

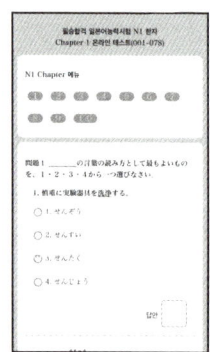

STEP4

복습하고자 하는 챕터를 선택하여 자신의 실력을 확인합니다.

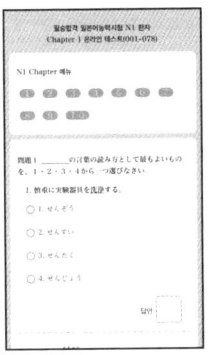

STEP5

문제를 다 푼 후 「점수」 버튼을 누르면 채점된 결과가 나옵니다. 자신이 제출한 답안에서 정답은 빨간색, 오답은 파란색으로 표시됩니다. 「정답보기」를 누르면 모든 문제의 정답이 보입니다.

※테스트는 몇 번이고 다시 풀어볼 수 있습니다.
※해당 테스트는 PDF파일로도 제공됩니다.

목차

머리말 ··· 2

편저자의 말 ·· 5

이 책의 사용법 ·· 6

음성파일 이용 가이드 ··· 7

온라인 테스트 이용 가이드 ·· 8

N2한자 확인 리스트 ·· 11

제 1 장 : 시험에 자주 나온다! N1한자

N1한자 001 ~ 078 ·· 47

N1한자 079 ~ 156 ·· 75

N1한자 157 ~ 234 ·· 103

N1한자 235 ~ 306 ·· 131

N1한자 307 ~ 378 ·· 157

N1한자 379 ~ 450 ·· 183

N1한자 451 ~ 522 ·· 209

N1한자 523 ~ 594 ·· 235

N1한자 595 ~ 660 ·· 261

제 2 장 : 여기에서 실력차가 난다! N1한자

N1한자 661 ~ 800 ·· 285

50음순 색인 ··· 322

N2한자 확인 리스트

N2한자	훈독	음독
仏 부처 불	ほとけ	ブツ
仲 버금 중	なか	チュウ
似 닮을 사	に-る	ジ
仮 거짓 가	かり	カ / ケ
伸 펼 신	の-ばす の-びる の-べる	シン
伺 엿볼 사	うかが-う	シ
依 의지할 의		イ / エ

N2한자	훈독	음독
俳 배우 배		ハイ
候 기후 후	そうろう	コウ
倒 넘어질 도	たお-す たお-れる	トウ
偶 짝 우		グウ
偉 훌륭할 위	えら-い	イ
傷 상처 상	きず いた-める いた-む	ショウ
催 재촉할 최	もよお-す	サイ

N2한자	훈독	음독
促 재촉할 촉	うなが-す	ソク
傾 기울 경	かたむ-ける かたむ-く	ケイ
僚 동료 료		リョウ
僕 종 복		ボク
像 모양 상		ゾウ
象 코끼리 상		ゾウ ショウ
億 억 억		オク
儀 거동 의		ギ

N2한자	훈독	음독
往 갈 왕		オウ
律 법 률		リツ リチ
徐 천천히 서		ジョ
徒 무리 도		ト
従 좇을 종	したが-える したが-う	ジュウ ジュ ショウ
得 얻을 득	え-る う-る	トク
街 거리 가	まち	カイ ガイ
御 거느릴 어	おん	ゴ ギョ

N2한자	훈독	음독
徴 부를 징		チョウ
汗 땀 한	あせ	カン
沈 잠길 침	しず-める しず-む	チン
沿 물 따라갈 연	そ-う	エン
況 상황 황		キョウ
沸 끓을 비	わ-かす わ-く	フツ
泥 진흙 니	どろ	デイ
河 물 하	かわ	カ

N2한자	훈독	음독
浜 물가 빈	はま	ヒン
湾 물굽이 만		ワン
湖 호수 호	みずうみ	コ
洪 큰물 홍		コウ
浅 얕을 천	あさ-い	セン
派 물갈래 파		ハ
浮 뜰 부	う-かべる う-かぶ う-く う-かれる	フ
涙 눈물 루	なみだ	ルイ

N2한자	훈독	음독
液 (진액)		エキ
添 (더할 첨)	そ-える / そ-う	テン
混 (섞일 혼)	ま-ぜる / ま-ざる / ま-じる / こ-む	コン
清 (맑을 청)	きよ-い / きよ-める / きよ-まる	セイ / ショウ
渉 (건널 섭)		ショウ
渋 (떫을 삽)	しぶ-い / しぶ / しぶ-る	
滞 (막힐 체)	とどこお-る	タイ
湯 (끓일 탕)	ゆ	トウ

N2한자	훈독	음독
湿 (젖을 습)	しめ-す / しめ-る	シツ
測 (잴 측)	はか-る	ソク
滑 (미끄러울 활)	すべ-る / なめ-らか	カツ / コツ
源 (근원 원)	みなもと	ゲン
溶 (녹을 용)	と-かす / と-ける / と-く	ヨウ
浴 (목욕할 욕)	あ-びる / あ-びせる	ヨク
演 (펼 연)		エン
漁 (고기잡을 어)		ギョ / リョウ

N2한자	훈독	음독
漫 흩어질 만		マン
滴 물방울 적	しずく したた-る	テキ
潔 깨끗할 결	いさぎよ-い	ケツ
濃 짙을 농	こ-い	ノウ
激 격할 격	はげ-しい	ゲキ
濯 씻을 탁		タク
凍 얼 동	こお-る こご-える	トウ
祭 제사 제	まつ-る まつ-り	サイ

N2한자	훈독	음독
票 표 표		ヒョウ
標 표할 표		ヒョウ
机 책상 궤	つくえ	キ
材 재목 재		ザイ
析 쪼갤 석		セキ
板 널 판	いた	ハン バン
杯 잔 배	さかずき	ハイ
枝 가지 지	えだ	シ

N2한자	훈독	음독
柱 기둥 주	はしら	チュウ
柄 자루 병	がら / え	ヘイ
枯 마를 고	か-らす / か-れる	コ
桜 앵두나무 앵	さくら	オウ
株 그루 주	かぶ	
棒 막대 봉		ボウ
棚 사다리 붕	たな	
極 다할 극	きわ-める / きわ-まる / きわ-み	キョク / ゴク

N2한자	훈독	음독
模 본뜰 모		モ / ボ
構 얽을 구	かま-える / かま-う	コウ
権 권세 권		ケン / ゴン
染 물들 염	そ-める / そ-まる / し-みる / し-み	セン
柔 부드러울 유	やわ-らか / やわ-らかい	ジュウ / ニュウ
秀 빼어날 수	ひい-でる	シュウ
季 계절 계		キ
秘 숨길 비	ひ-める	ヒ

N2한자	훈독	음독
程 한도 정	ほど	テイ
積 쌓을 적	つ-む つ-もる	セキ
穏 평온할 은	おだ-やか	オン
隠 숨을 은	かく-す かく-れる	イン
除 덜 제	のぞ-く	ジョ ジ
陸 뭍 륙		リク
陽 볕 양		ヨウ
隅 모퉁이 우	すみ	グウ

N2한자	훈독	음독
障 막힐 장	さわ-る	ショウ
隣 이웃 린	となり とな-る	リン
郊 들 교		コウ
粉 가루 분	こ こな	フン
粒 낱알 립	つぶ	リュウ
糖 사탕 당		トウ
精 정할 정		セイ ショウ
肯 즐길 긍		コウ

N2한자	훈독	음독
肩 어깨 견	かた	ケン
背 등 배	せ せい そむ-ける そむ-く	ハイ
胃 위장 위		イ
骨 뼈 골	ほね	コツ
鼻 코 비	はな	ビ
肌 살 기	はだ	
脂 기름 지	あぶら	シ
脈 줄기 맥		ミャク

N2한자	훈독	음독
胸 가슴 흉	むね むな	キョウ
脳 골 뇌		ノウ
腕 팔 완	うで	ワン
腰 허리 요	こし	ヨウ
腹 배 복	はら	フク
臓 오장 장		ゾウ
眠 쉴 면	ねむ-い ねむ-る	ミン
眺 바라볼 조	なが-める	チョウ

N2한자	훈독	음독
兆 억조 조	きざ-す きざ-し	チョウ
署 관청 서		ショ
罪 허물 죄	つみ	ザイ
跡 발자취 적	あと	セキ
踊 뛸 용	おど-る おど-り	ヨウ
踏 밟을 답	ふ-む ふ-まえる	トウ
臣 신하 신		シン ジン
巨 클 거		キョ

N2한자	훈독	음독
距 떨어질 거		キョ
拒 막을 거	こば-む	キョ
扱 미칠 급	あつか-う	
及 미칠 급	およ-ぶ およ-び およ-ぼす	キュウ
抑 누를 억	おさ-える	ヨク
印 도장 인	しるし	イン
批 비평할 비		ヒ
抜 뺄 발	ぬ-く ぬ-ける ぬ-かす ぬ-かる	バツ

N2한자	훈독	음독
抗 겨룰 항		コウ
抱 안을 포	だ-く いだ-く かか-える	ホウ
包 쌀 포	つつ-む	ホウ
拠 근거 거		キョ コ
処 곳 처		ショ
担 멜 담	にな-う かつ-ぐ	タン
抽 뽑을 추		チュウ
抵 막을 저		テイ

N2한자	훈독	음독
拝 절 배	おが-む	ハイ
招 부를 초	まね-く	ショウ
拡 넓힐 확		カク
挟 낄 협	はさ-む はさ-まる	キョウ
拾 주울 습	ひろ-う	シュウ ジュウ
捜 찾을 수	さが-す	ソウ
振 떨칠 진	ふ-る ふ-るう ふ-れる	シン
捕 잡을 포	と-る つか-まえる つか-まる と-らえる と-らわれる	ホ

N2한자	훈독	음독
描 그릴 묘	か-く えが-く	ビョウ
採 캘 채	と-る	サイ
捨 버릴 사	す-てる	シャ
探 찾을 탐	さが-す さぐ-る	タン
推 밀 추	お-す	スイ
離 떠날 리	はな-す はな-れる	リ
掃 쓸 소	は-く	ソウ
掘 팔 굴	ほ-る	クツ

N2한자	훈독	음독
掲 높이 들 게	かか-げる	ケイ
握 쥘 악	にぎ-る	アク
換 바꿀 환	か-える か-わる	カン
提 끌 제	さ-げる	テイ
援 도울 원		エン
損 덜 손	そこ-ねる そこ-なう	ソン
携 이끌 휴	たずさ-える たずさ-わる	ケイ
帯 띠 대	お-びる おび	タイ

N2한자	훈독	음독	N2한자	훈독	음독
撮 모을 촬	と-る	サツ	乾 마를 건	かわ-かす かわ-く	カン
操 잡을 조	あやつ-る みさお	ソウ	燥 마를 조		ソウ
災 재앙 재	わざわ-い	サイ	爆 터질 폭		バク
炎 불꽃 염	ほのお	エン	燃 불탈 연	も-やす も-える も-す	ネン
灯 등잔 등	ひ	トウ	焦 탈 초	こ-がす こ-げる こ-がれる あせ-る	ショウ
畑 화전 전	はた はたけ		照 비출 조	て-らす て-れる て-る	ショウ
焼 불사를 소	や-く や-ける	ショウ	熟 익을 숙	う-れる	ジュク
煙 연기 연	けむ-い けむ-る けむり	エン	志 뜻 지	こころざ-す こころざし	シ

N2한자	훈독	음독
怒 성낼 노	いか-る おこ-る	ド
恵 은혜 혜	めぐ-む	エ ケイ
息 숨쉴 식	いき	ソク
恐 두려울 공	おそ-ろしい おそ-れる	キョウ
患 근심 환	わずら-う	カン
惑 미혹할 혹	まど-う	ワク
態 태도 태		タイ
恥 부끄러울 치	は-ずかしい は-じる はじ は-じらう	チ

N2한자	훈독	음독
快 쾌할 쾌	こころよ-い	カイ
怪 괴이할 괴	あや-しい あや-しむ	カイ
怖 두려워할 포	こわ-い	フ
悔 뉘우칠 회	くや-しい く-やむ く-いる	カイ
悩 번뇌할 뇌	なや-む なや-ます	ノウ
慌 어리둥절할 황	あわ-てる あわ-ただしい	コウ
憎 미울 증	にく-む にく-い にく-らしい にく-しみ	ゾウ
憶 생각할 억		オク

N2 한자

N2한자	훈독	음독
均 고를 균		キン
坂 비탈 판	さか	ハン
坊 동네 방		ボウ / ボッ
城 재 성	しろ	ジョウ
埋 묻을 매	う-める / う-まる / う-もれる	マイ
域 지경 역		イキ
塔 탑 탑		トウ
塩 소금 염	しお	エン

N2한자	훈독	음독
境 지경 경	さかい	キョウ / ケイ
壊 무너질 괴	こわ-す / こわ-れる	カイ
至 이를 지	いた-る	シ
塗 칠할 도	ぬ-る	ト
壁 바람벽 벽	かべ	ヘキ
針 바늘 침	はり	シン
鈍 둔할 둔	にぶ-い / にぶ-る	ドン
鋭 날카로울 예	するど-い	エイ

N2한자	훈독	음독
鉱 광물 광		コウ
銅 구리 동		ドウ
録 기록할 록		ロク
砂 모래 사	すな	サ / シャ
破 깨뜨릴 파	やぶ-る / やぶ-れる	ハ
皮 가죽 피	かわ	ヒ
硬 굳을 경	かた-い	コウ
更 고칠 경	さら / ふ-かす / ふ-ける	コウ

N2한자	훈독	음독
珍 보배 진	めずら-しい	チン
環 고리 환		カン
功 공 공		コウ / ク
攻 칠 공	せ-める	コウ
販 팔 판		ハン
貼 붙일 첩	は-る	
購 구할 구		コウ
贈 줄 증	おく-る	ゾウ / ソウ

N2한자	훈독	음독
貨 재화 화		カ
貧 가난할 빈	まず-しい	ヒン ビン
乏 모자랄 핍	とぼ-しい	ボウ
貴 귀할 귀	たっと-い たっと-ぶ とうと-い とうと-ぶ	キ
賃 품삯 임		チン
賞 상줄 상		ショウ
賛 도울 찬		サン
賢 어질 현	かしこ-い	ケン

N2한자	훈독	음독
頂 정수리 정	いただ-く いただき	チョウ
頃 잠깐 경	ころ	
順 순할 순		ジュン
頑 완고할 완		ガン
丈 어른 장	たけ	ジョウ
領 거느릴 령		リョウ
頼 의지할 뢰	たの-もしい たの-む たよ-る	ライ
額 이마 액	ひたい	ガク

N2한자	훈독	음독	N2한자	훈독	음독
叫 부르짖을 규	さけ-ぶ	キョウ	舌 혀 설	した	ゼツ
吸 마실 흡	す-う	キュウ	谷 골 곡	たに	コク
吹 불 취	ふ-く	スイ	否 아닐 부	いな	ヒ
咲 웃음 소	さ-く		含 머금을 함	ふく-める ふく-む	ガン
喫 마실 끽		キツ	哲 밝을 철		テツ
号 이름 호		ゴウ	喜 기쁠 희	よろこ-ぶ	キ
占 차지할 점	し-める うらな-う	セン	善 착할 선	よ-い	ゼン
召 부를 소	め-す	ショウ	討 칠 토	う-つ	トウ

N2한자	훈독	음독
訓 가르칠 훈		クン
訳 번역할 역	わけ	ヤク
許 허락할 허	ゆる-す	キョ
診 볼 진	み-る	シン
詞 말 사		シ
詩 시 시		シ
詳 자세할 상	くわ-しい	ショウ
缶 두레박 관		カン

N2한자	훈독	음독
詰 꾸짖을 힐	つ-める つ-まる つ-む	キツ
誤 그릇할 오	あやま-る	ゴ
認 인정할 인	みと-める	ニン
識 알 식		シキ
誘 꾈 유	さそ-う	ユウ
誕 태어날 탄		タン
延 끌 연	の-ばす の-びる の-べる	エン
請 청할 청	こ-う う-ける	セイ シン

N2한자	훈독	음독
諸 모두 제		ショ
誰 누구 수	だれ	
謝 사례할 사	あやま-る	シャ
講 익힐 강		コウ
看 볼 간		カン
護 보호할 호		ゴ
譲 사양할 양	ゆず-る	ジョウ
昨 어제 작		サク

N2한자	훈독	음독
晩 늦을 만		バン
暇 틈 가	ひま	カ
昇 오를 승	のぼ-る	ショウ
暴 사나울 폭	あば-く あば-れる	ボウ バク
曇 흐릴 담	くも-る	ドン
替 바꿀 체	か-える か-わる	タイ
零 영 령		レイ
雷 우레 뇌	かみなり	ライ

N2한자	훈독	음독
需 구할 수		ジュ
孤 외로울 고		コ
孫 손자 손	まご	ソン
系 이을 계		ケイ
姓 성씨 성		セイ / ショウ
娘 아가씨 낭	むすめ	
嫌 싫어할 혐	きら-う / いや	ケン / ゲン
委 맡길 위	ゆだ-ねる	イ

N2한자	훈독	음독
姿 맵시 자	すがた	シ
祈 빌 기	いの-る	キ
祝 질 축	いわ-う	シュク / シュウ
祖 조상 조		ソ
視 볼 시		シ
福 복 복		フク
祉 복지		シ
被 입을 피	かぶ-る / かぶ-せる / こうむ-る	ヒ

N2한자	훈독	음독
補 도울 보	おぎな-う	ホ
衣 옷 의	ころも	イ
袋 자루 대	ふくろ	タイ
装 꾸밀 장	よそお-う	ソウ ショウ
裏 속 리	うら	リ
裁 마를 재	た-つ さば-く	サイ
載 실을 재	の-せる の-る	サイ
犯 범할 범	おか-す	ハン

N2한자	훈독	음독
独 홀로 독	ひと-り	ドク
狭 좁을 협	せま-い せば-める せば-まる	キョウ
猫 고양이 묘	ねこ	ビョウ
帳 장막 장		チョウ
幅 폭 폭	はば	フク
帽 모자 모		ボウ
救 구원할 구	すく-う	キュウ
散 흩을 산	ち-らす ち-る ち-らかす ち-らかる	サン

N2한자	훈독	음독
匹 짝 필	ひき	ヒツ
敵 원수 적	かたき	テキ
敬 공경할 경	うやま-う	ケイ
警 경계할 경		ケイ
驚 놀랄 경	おどろ-かす おどろ-く	キョウ
駐 말 머물 주		チュウ
騒 떠들 소	さわ-ぐ	ソウ
状 형상 상		ジョウ

N2한자	훈독	음독
将 장차 장		ショウ
寸 마디 촌		スン
封 봉할 봉		フウ ホウ
射 쏠 사	い-る	シャ
専 오로지 전	もっぱ-ら	セン
尊 높은 존	とうと-い とうと-ぶ たっと-い たっと-ぶ	ソン
導 인도할 도	みちび-く	ドウ
欧 토할 구		オウ

N2한자	훈독	음독
欲 바랄 욕	ほ-しい ほっ-する	ヨク
歓 기뻐할 환		カン
勧 권할 권	すす-める	カン
幼 어릴 유	おさな-い	ヨウ
軒 집 헌	のき	ケン
軟 연할 연	やわ-らかい やわ-らか	ナン
較 비교할 교		カク
輪 바퀴 륜	わ	リン

N2한자	훈독	음독
輩 무리 배		ハイ
紅 붉을 홍	べに くれない	コウ ク
緑 푸를 록	みどり	リョク ロク
納 들일 납	おさ-める おさ-まる	ノウ ナッ ナ ナン トウ
純 순수할 순		ジュン
統 거느릴 통	す-べる	トウ
充 가득할 충	あ-てる	ジュウ
絶 끊을 절	た-える た-やす た-つ	ゼツ

N2 한자

N2한자	훈독	음독
継 이을 계	つ-ぐ	ケイ
総 거느릴 총		ソウ
綿 솜 면	わた	メン
緒 실마리 서	お	ショ チョ
締 맺을 체	し-める し-まる	テイ
編 엮을 편	あ-む	ヘン
緩 느슨할 완	ゆる-い ゆる-やか ゆる-める ゆる-む	カン
績 길쌈할 적		セキ

N2한자	훈독	음독
縮 오그라들 축	ちぢ-む ちぢ-める ちぢ-まる ちぢ-らす ちぢ-れる	シュク
織 짤 직	お-る	シキ ショク
繰 고치 켤 소	く-る	
素 본디 소		ソ ス
緊 팽팽할 긴		キン
張 베풀 장	は-る	チョウ
干 마를 건	ほ-す ひ-る	カン
刊 책 펴낼 간		カン

N2한자	훈독	음독
列 벌릴 열		レツ
到 이를 도		トウ
刷 인쇄할 쇄	す-る	サツ
刻 새길 각	きざ-む	コク
刺 찌를 자	さ-す / さ-さる	シ
削 깎을 삭	けず-る	サク
副 버금 부		フク
劇 심할 극		ゲキ

N2한자	훈독	음독
乱 어지러울 란	みだ-す / みだ-れる	ラン
乳 젖 유	ちち / ち	ニュウ
全 온전할 전	まった-く / すべ-て	ゼン
企 바랄 기	くわだ-てる	キ
余 남을 여	あま-す / あま-る	ヨ
途 길 도		ト
述 지을 술	の-べる	ジュツ
迷 미혹할 미	まよ-う	メイ

N2한자	훈독	음독
逆 거스를 역	さか-らう さか	ギャク
透 통할 투	す-く す-かす す-ける	トウ
達 통할 달	たち	タツ
適 맞을 적		テキ
避 피할 피	さ-ける	ヒ
超 뛰어넘을 초	こ-える こ-す	チョウ
趣 재미 취	おもむき	シュ
穴 구멍 혈	あな	ケツ

N2한자	훈독	음독
宇 집 우		ウ
宙 집 주		チュウ
宝 보배 보	たから	ホウ
官 벼슬 관		カン
突 갑자기 돌	つ-く	トツ
害 해칠 해		ガイ
密 빽빽할 밀		ミツ
寂 고요할 적	さび-しい さび-れる さび	ジャク セキ

N2한자	훈독	음독
寄 부칠 기	よ-る よ-せる	キ
富 부자 부	と-む とみ	フ フウ
就 나아갈 취	つ-ける つ-く	シュウ ジュ
寝 잠잘 침	ね-かす ね-る	シン
察 살필 찰		サツ
丁 장정 정		テイ チョウ
寧 편안할 녕		ネイ
軍 군사 군		グン

N2한자	훈독	음독
挙 들 거	あ-げる あ-がる	キョ
栄 영화로울 영	さか-える は-え は-える	エイ
与 줄 여	あた-える	ヨ
党 무리 당		トウ
竹 대 죽	たけ	
符 부호 부		フ
等 등급 등	ひと-しい	トウ
策 꾀 책		サク

N2한자	훈독	음독
筋 힘줄 근	すじ	キン
筒 대통 통	つつ	トウ
筆 붓 필	ふで	ヒツ
節 마디 절	ふし	セツ / セチ
即 곧 즉		ソク
箱 상자 상	はこ	
範 법 범		ハン
築 쌓을 축	きず-く	チク

N2한자	훈독	음독
籍 문서 적		セキ
荒 거칠 황	あら-い あ-らす あ-れる	コウ
著 나타날 저	いちじる-しい あらわ-す	チョ
蒸 찔 증	む-す む-らす む-れる	ジョウ
蓄 쌓을 축	たくわ-える	チク
畜 가축 축		チク
幕 장막 막		マク / バク
暮 저물 모	く-らす く-れる	ボ

N2한자	훈독	음독
蔵 감출 장	くら	ゾウ
薄 엷을 박	うす-い うす-める うす-まる うす-らぐ うす-れる	ハク
圧 누를 압		アツ
灰 재 회	はい	カイ
炭 숯 탄	すみ	タン
岸 언덕 안	きし	ガン
庁 관청 청		チョウ
序 차례 서		ジョ

N2한자	훈독	음독
床 평상 상	ゆか とこ	ショウ
応 응할 응	こた-える	オウ
底 밑 저	そこ	テイ
氏 성씨	うじ	シ
庫 창고 고		コ ク
磨 갈 마	みが-く	マ
症 병증세 증		ショウ
療 병 고칠 료		リョウ

N2 한자

N2한자	훈독	음독
厳 엄할 엄	きび-しい おごそ-か	ゲン ゴン
居 살 거	い-る	キョ
展 펼 전		テン
覧 볼 람		ラン
属 이을 속		ゾク
層 층 층		ソウ
戸 지게 호	と	コ
雇 품 팔 고	やと-う	コ

N2한자	훈독	음독
舟 배 주	ふね ふな	シュウ
航 배 항		コウ
般 일반 반		ハン
殿 대궐 전	との どの	デン テン
羊 양 양	ひつじ	ヨウ
群 무리 군	む-れる む-れ むら	グン
鮮 고울 선	あざ-やか	セン
革 가죽 혁	かわ	カク

N2한자	훈독	음독
靴 가죽신 화	くつ	カ
片 조각 편	かた	ヘン
版 널조각 판		ハン
景 경치 경		ケイ
影 그림자 영	かげ	エイ
響 울릴 향	ひび-く	キョウ
令 하여금 령		レイ
齢 나이 령		レイ

N2한자	훈독	음독
旧 예 구		キュウ
児 아이 아		ジ / ニ
布 베 포	ぬの	フ
希 바랄 희		キ
望 바랄 망	のぞ-む	ボウ / モウ
豆 콩 두	まめ	トウ / ズ
豊 풍년 풍	ゆた-か	ホウ
良 어질 량	よ-い	リョウ

N2한자	훈독	음독
養 (기를 양)	やしな-う	ヨウ
我 (나 아)	われ / わ	ガ
義 (옳을 의)		ギ
皿 (그릇 명)	さら	
益 (더할 익)		エキ / ヤク
盗 (도둑 도)	ぬす-む	トウ
盛 (성할 성)	さか-ん / も-る / さか-る	セイ / ジョウ
兵 (병사 병)		ヘイ / ヒョウ

N2한자	훈독	음독
典 (법 전)		テン
興 (일어날 흥)	おこ-す / おこ-る	キョウ / コウ
異 (다를 이)	こと	イ
畳 (겹쳐질 첩)	たた-む / たたみ	ジョウ
臭 (냄새 취)	くさ-い / にお-う	シュウ
契 (맺을 계)	ちぎ-る	ケイ
奥 (깊을 오)	おく	オウ
劣 (못할 렬)	おと-る	レツ

N2한자	훈독	음독
努 힘쓸 노	つと-める	ド
勇 날랠 용	いさ-む	ユウ
勢 형세 세	いきお-い	セイ
氷 얼음 빙	こおり ひ	ヒョウ
永 길 영	なが-い	エイ
双 둘 쌍	ふた	ソウ
卵 알 란	たまご	ラン
競 다툴 경	きそ-う せ-る	キョウ ケイ

N2한자	훈독	음독
羽 깃 우	はね は	ウ
翌 다음날 익		ヨク
端 끝 단	はし は はた	タン
童 아이 동	わらべ	ドウ
章 글 장		ショウ
辛 매울 신	から-い	シン
率 비율 률	ひき-いる	リツ ソツ
武 굳셀 무		ブ ム

N2한자	훈독	음독
歳 해 세		サイ / セイ
舞 춤출 무	ま-う / まい	ブ
麦 보리 맥	むぎ	バク
髪 터럭 발	かみ	ハツ
巻 문서 권	ま-く / まき	カン
毒 독 독		ドク
整 가지런할 정	ととの-える / ととの-う	セイ
施 베풀 시	ほどこ-す	シ / セ

N2한자	훈독	음독
耕 밭갈 경	たがや-す	コウ
略 대략 략		リャク
弾 탄알 탄	ひ-く / はず-む / たま	ダン
触 닿을 촉	ふ-れる / さわ-る	ショク
亡 망할 망	な-い	ボウ / モウ
互 서로 호	たが-い	ゴ
句 글귀 구		ク
甘 달 감	あま-い / あま-やかす / あま-える	カン

N2한자	훈독	음독
冊 책 책		サツ サク
州 고을 주	す	シュウ
博 넓을 박		ハク バク
士 선비 사		シ
了 마칠 료		リョウ
承 이을 승	うけたまわ-る	ショウ
周 두루 주	まわ-り	シュウ
囲 둘레 위	かこ-む かこ-う	イ

제1장

시험에 자주 나온다!

N1 한자
001-078

001 伏

伏 伏 | ノ 亻 仁 仕 伏 伏

ふ-せる　ふ-す
フク
起伏 기복
き ふく

(엎드릴 복)
(안을 부)

002 仰

仰 仰 | ノ 亻 亻 化 仰 仰

あお-ぐ　おお-せ
仰ぐ 우러러보다
あお

ギョウ　コウ
信仰 신앙
しんこう

(우러를 앙)

003 伐

伐 伐 | ノ 亻 仁 代 伐 伐

バツ
討伐 토벌　　　伐採 벌채
とうばつ　　　　はっさい

(칠 벌)

004 伴 **005** 伯 **006** 叔

004

(짝 반) 伴

伴 伴 ノ 亻 亻 亻' 亻" 伻 伴

ともな-う
伴う 동반하다

ハン　バン

005

(맏 백)

伯 伯 ノ 亻 亻 亻' 伯 伯 伯

ハク
伯爵 백작
☆ 伯父 백부
☆ 伯母 백모

006

(아재비 숙)

叔 叔 丨 卜 上 才 ま 未 叔 叔

シュク
☆ 叔父 숙부
☆ 叔母 숙모

 併  侍  侮

007 併 併 併 ノ イ イ イ 伫 伫 伴 併

あわ-せる
ヘイ
合併 합병
がっぺい

(아우를 병) 併

008 侍 侍 侍 ノ イ イ 什 侍 侍 侍 侍

さむらい
侍 무사/사무라이
さむらい
ジ

(모실 시)

009 侮 侮 侮 ノ イ イ 仁 佇 佇 侮 侮

あなど-る
ブ
侮辱 모욕
ぶじょく

(업신여길 모) 侮

010 俗 **011** 侵 **012** 俵

(풍속 속)

俗 俗 ノ 亻 亻 俗 俗 俗 俗 **010**
俗

ゾク
世俗的 세속적　　風俗 풍속
せぞくてき　　　　　ふうぞく

(침노할 침) 侵

侵 侵 ノ 亻 亻 亻 侵 侵 侵 **011**
侵

おか-す
侵す 침범하다
おか

シン
侵略 침략　　侵入 침입
しんりゃく　　　しんにゅう

(나누어줄 표)

俵 俵 ノ 亻 亻 什 仕 仕 伊 **012**
俵 俵

たわら
俵 섬/가마
たわら

ヒョウ
土俵 씨름판
どひょう

013 俺 **014** 倹 **015** 倣

013 俺

(나 암)

ノ	イ	仁	竹	俗	依	侨	俺
俺	俺						

おれ
俺 나
おれ

014 倹

(검소할 검) 儉

ノ	イ	亻	个	㑒	伶	侩	佥
俭	倹						

ケン
倹約 검약
けんやく

015 倣

(본뜰 방)

ノ	イ	亻	广	竹	仿	㐹	伤
㑈	倣						

なら-う
倣う 모방하다
なら

ホウ
模倣 모방
も ほう

016 偽 **017** 偏 **018** 傍

016

(거짓 위) 偽

偽 偽

丿 イ イ゛ 亻゛ 伊 伊 偽
偽 偽 偽

いつわ-る　にせ
偽り 거짓

ギ
偽造 위조

017

(치우칠 편) 偏

偏 偏

丿 イ 亻゛ 伊 伊 伊 偏
偏 偏 偏

かたよ-る
偏り 치우침　　　　　　　　偏る 치우치다/기울다

ヘン
偏見 편견
偏食 편식　　　　　　　　偏差値 편차치

018

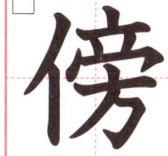

(곁 방) 傍

傍 傍

丿 イ 亻゛ 亻゛ 伊 伊 伊
伊 伊 傍 傍

かたわ-ら
傍ら (~하는)한편/곁/옆

ボウ

019 傑 020 債 021 僅

019 傑

ノ 亻 亻 亻 伊 伊 伊
佟 佟 傑 傑 傑

ケツ
傑作 걸작
けっさく

(뛰어날 걸)

020 債

ノ 亻 亻 亻 伴 伴 倩
倩 倩 倩 債 債

サイ
負債 부채 　　　負債額 부채액
ふさい　　　　　　　ふさいがく

(빚 채)

021 僅

ノ 亻 亻 亻 伊 伊 伊
伴 伴 僅 僅 僅

わず-か
僅か 조금
わず

キン

(겨우 근)

022 僧 **023** 償 **024** 径

022

僧 僧

丿 亻 亻 伫 伫 伫 伫 俗
僧 僧 僧 僧 僧

ソウ
僧 (そう) 승/승려/스님
尼僧 (にそう) 여승/비구니

(중 승) 僧
791 尼

023

僧 償

亻 亻 伫 伫 伫 伫 伫 伫
僧 僧 僧 僧 僧 僧 償

つぐな-う
償い (つぐな) 보상

(갚을 상)
500 賠
520 弁

ショウ
賠償 (ばいしょう) 배상
補償 (ほしょう) 보상
弁償 (べんしょう) 변상

024

径 径

丿 彳 彳 彳 徉 径 径 径

ケイ
半径 (はんけい) 반경
直径 (ちょっけい) 직경

(지름길 경) 徑

025 征 **026** 循 **027** 微

025 征

(칠 정)

征征 ノ ノ ィ 彳 彳 彳 征 征

セイ
征服 정복
せいふく

026 循

(돌 순)

循循 ノ ノ ィ 彳 彳 彳 彳
循 循 循 循

ジュン
循環 순환
じゅんかん

027 微

(작을 미) 微
245 鏡
303 顕
310 妙

微微 ノ ノ ィ 彳 彳 彳 彳
彳 彳 彳 微 微

かす-か
微か 희미함/미미함/미약함
かす

ビ ミ
微笑 미소　　　微量 미량
びしょう　　　びりょう

微塵 미진　　　顕微鏡 현미경
みじん　　　けんびきょう

微妙 미묘
びみょう

028 徳 **029** 徹 **030** 衝

028 徳

徳 徳
ノ ク 彳 彳 彳 彳 徏
徏 徏 徏 徳 徳 徳

トク

道徳 도덕
とうとく

(큰 덕) 德
(덕 덕)

029 徹

徹 徹
ノ ク 彳 彳 彳 彳 徏
徏 徏 徏 徹 徹 徹

テツ

徹する 철저하다/투철하다/철거하다　　徹底 철저
てつ　　　　　　　　　　　　　　　てってい

徹夜 철야
てつや

(통할 철)

030 衝

衝 衝
ノ ク 彳 彳 彳 彳 徏
徏 徏 徏 衝 衝 衝

ショウ

衝撃 충격　　　　　　　　　　　衝突 충돌
しょうげき　　　　　　　　　　しょうとつ

衝突事故 충돌사고
しょうとつじこ

(찌를 충)
518 撃

031 衡 **032** 衛 **033** 汁

031 衡

衡 衡

｜ ｲ ｲ ｲ ｲ ｲ ｲ
ｲ ｲ ｲ ｲ ｲ ｲ 衡

コウ

均衡 (きんこう) 균형

(저울대 형)
(가로 횡)

032 衛

衛 衛

｜ ｲ ｲ ｲ ｲ ｲ ｲ
ｲ ｲ ｲ ｲ ｲ ｲ 衛

エイ

護衛 (ごえい) 호위　　防衛 (ぼうえい) 방위
衛生 (えいせい) 위생　　不衛生 (ふえいせい) 비위생
衛星 (えいせい) 위성　　衛星放送 (えいせいほうそう) 위성방송

(지킬 위)

033 汁

汁 汁

丶 丶 氵 氵 汁

しる

汁 (しる) 즙/물/국　　味噌汁 (みそしる) 된장국

ジュウ

(즙 즙)
(맞을 협)
540 噌

034 汽 **035** 沙 **036** 汰

034

キ

汽車 기차
きしゃ

汽船 기선
きせん

(물 끓는 김 기)

035

サ

ご無沙汰 무소식
ぶさた

(모래 사)

036 汰

036

タ

ご無沙汰 무소식
ぶさた

(일 태)

035 沙

037 沢 **038** 没 **039** 沼

037 沢

(못 택) 澤

沢 沢 ｀ 冫 氵 沢 沢 沢 沢

さわ
タク

光沢 광택
こうたく

贅沢 사치
ぜいたく

贅沢三昧 사치에 빠짐
ぜいたくざんまい

沢山 많음
たくさん

038 没

(잠길 몰) 沒

没 没 ｀ 冫 氵 氿 没 没

ボツ

没 가라앉음
ぼつ

日没 일몰
にちぼつ

没落 몰락
ぼつらく

出没 출몰
しゅつぼつ

没収 몰수
ぼっしゅう

沈没 침몰
ちんぼつ

039 沼

(못 소)

沼 沼 ｀ 冫 氵 氿 汈 沼 沼 沼

ぬま

沼 늪
ぬま

沼地 늪지
ぬまち

ショウ

040 泡 **041** 泌 **042** 洞

泡 泡

` ` ⺡ ⺡ 沟 氵 泃 泡

あわ
泡 거품
あわ

泡立つ 거품이 일다
あわだ

ホウ

(거품 포) 泡

泌 泌

` ` ⺡ ⺡ ⺡ 汃 汹 泌

ヒツ　ヒ
分泌物 분비물
ぶんぴつぶつ

(분비할 비)

洞 洞

` ` ⺡ ⺡ 汈 汩 泂 洞
洞

ほら

ドウ
洞察力 통찰력
どうさつりょく

(밝을 통)

043 津 **044** 浄 **045** 浸

043

(나루 진)

津 津 津

丶 冫 氵 汀 沪 沪 津

つ
津波 해일
つなみ

シン

044

(깨끗할 정) 淨

浄 浄 浄

丶 冫 氵 浐 浐 浐 浄

ジョウ
洗浄 세정　　　　浄化 정화
せんじょう　　　　しょうか

045

(잠길 침) 浸

浸 浸 浸 浸

丶 冫 氵 汀 沪 沪 浔

ひた-す　ひた-る　つ-ける　し-みる
浸す 담그다　　　　浸る 잠기다/담기다
ひた　　　　　　　ひた
浸ける 축이다/담그다　浸みる 스며들다
つ　　　　　　　　し

シン
浸透 침투
しんとう

046 浪 **047** 淡 **048** 涯

浪 浪 　 ` 　 氵 　 氵 　 氵 　 浪
浪 浪

ロウ
浪費 낭비
ろうひ

(물결 랑)

淡 淡 　 ` 　 氵 　 氵 　 氵 　 氵 　 淡 　 淡
氵 氵 淡

あわ-い
淡い 진하지 않다/여리다/어슴푸레하다
あわ

タン
冷淡 냉담　　　　　　　淡水 담수
れいたん　　　　　　　たんすい

(맑을 담)

涯 涯 　 ` 　 氵 　 氵 　 氵 　 氵 　 氵 　 涯
涯 涯 涯

ガイ
生涯 생애
しょうがい

(물가 애)

049 渇

渇 渇
` 冫 氵 沪 沪 沪 沪
渇 渇 渇

かわ-く
渇く 목이 마르다
渇き 갈증

カツ
枯渇 고갈

(목마를 갈) 渇

050 渓

渓 渓
` 冫 氵 沪 汋 汋 泾
泾 浮 渓

ケイ
雪渓 설계
渓谷 계곡
渓流 계류
渓間 계간

(시내 계) 渓

051 淑

淑 淑
` 冫 氵 汁 汁 汁 汁
沫 浉 淑

しと-やか
淑やか 정숙함

シュク
淑女 숙녀
貞淑 정숙

(맑을 숙)
768 貞

052 滋　053 湧　054 渦

滋滋 ｜ `丶 ｀ ⺡ ⺡⺀ ⺡⺀⺀ ⺡⺀⺀⺀ 滋 滋 滋 滋 滋 **052**

ジ

滋味 깊은 맛/자미
じみ

滋養 자양
じよう

(불을 자)

湧湧 ｜ `丶 ｀ ⺡ ⺡⺀ 沪 湧 湧 湧 湧 湧 湧 **053**

わ-く

湧く 샘솟다
わ

湧き起こる 끓어오르다
わ お

ユウ

(끓어오를 용)

渦渦 ｜ `丶 ｀ ⺡ ⺡⺀ 沪 渦 渦 渦 渦 渦 **054**

うず

渦 소용돌이
うず

カ

(소용돌이 와)

055 滝 **056** 溝 **057** 漠

055

滝 滝

`、 氵 氵 氵 汁 汁 浐 浐`
`浐 浐 浐 滝 滝`

たき
滝 폭포
たき

(비 올 롱) 瀧

056

溝 溝

`、 氵 氵 氵 汁 汁 沣 洪`
`洪 清 清 溝 溝`

みぞ
溝 개천/도랑/홈
みぞ

コウ

(도랑 구)

057

漠 漠

`、 氵 氵 氵 氵 汁 汁 浐`
`浐 浐 浐 浐 漠`

バク
漠然 막연　　　　　　　　砂漠 사막
ばくぜん　　　　　　　　　　さばく

(넓을 막)

058 溜 **059** 滅 **060** 漏

(낙숫물 류)

溜	溜	丶	氵	氵	氵	汀	汈	溜
		汈	汈	溜	溜	溜		

た-める　た-め　た-まる　したた-る

溜まり 괸 곳/집합소　　溜め息 한숨

溜める 모으다　　　　　溜まる 모이다

リュウ

(멸할 멸)
196 撲

滅	滅	丶	氵	氵	氵	汇	汇	汇
		沂	涙	減	滅	滅		

ほろ-ぼす　ほろ-びる

滅ぼす 멸망시키다　　滅びる 멸망하다

メツ

全滅 전멸　　　　　消滅 소멸

絶滅 절멸　　　　　撲滅 박멸

滅亡 멸망　　　　　滅多に 드물게

(샐 루)

漏	漏	丶	氵	氵	汀	汨	沪	汜
		沥	沥	漏	漏	漏	漏	

も-らす　も-る　も-れる

漏らす 누설하다　　漏る 새다

漏れる 새다/누설되다　　漏れ 샘

ロウ

061 漬 **062** 漂 **063** 漸

061

漬 漬

丶	氵	氵	氵	汁	浐	浐	清
清	清	清	清	清	漬		

つ-ける　つ-かる

漬ける 담그다/절이다

(담글 지)

062

漂 漂

丶	氵	氵	氵	氵	沪	浭	浭
漂	漂	漂	漂	漂	漂		

ただよ-う

漂う 떠돌다

ヒョウ

(떠다닐 표)

063

漸 漸

丶	氵	氵	氵	氵	沪	沪	泸
洹	浐	浐	漸	漸	漸		

ようや-く

漸く 겨우

ゼン

(점점 점)

064 潮 **065** 潜 **066** 澄

(밀물 조)

潮	潮	`	氵	氵	氵	汈	洴	沽
		浐	泊	淖	淖	潮	潮	潮

しお
潮 밀물

チョウ
風潮 풍조
ふうちょう

(잠길 잠) 潜

潜	潜	`	氵	氵	氵	沣	갓	汏
		泙	泮	洪	潜	潜	潜	潜

もぐ-る ひそ-む
潜る 잠입하다
もぐ

セン
潜水 잠수　　　潜入 잠입
せんすい　　　　せんにゅう

(맑을 징)

澄	澄	`	氵	氵	氵	汊	汊	泍
		泍	泮	浐	澄	澄	澄	澄

す-ます す-む
澄ます 깨끗이 하다　　　耳を澄ます 귀 기울이다
す　　　　　　　　　　みみ す

澄む 맑아지다
す

チョウ

067 潤　068 濁　069 濡

067 潤 (불을 윤)

潤　潤

` ｀ 氵 氵 汀 汀 汀 汩 汩 汩 潤 潤 潤 潤

うるお-す　うるお-う　うる-む

潤す 축축하게 하다/윤택하게 하다　潤う 습기를 띠다/풍부해지다

潤い 습기/혜택/정취

ジュン

利潤 이윤

068 濁 (흐릴 탁)

濁　濁

` ｀ 氵 氵 氵 沪 沪 沪 沪 沪 渭 渭 濁 濁 濁

にご-る　にご-す

濁る 탁하게 되다

ダク

清濁 청탁

069 濡 (적실 유)

濡　濡

氵 氵 氵 氵 沪 沪 沪 沪 漂 漂 漂 漂 濡 濡

ぬ-れる　うるお-う　とどこお-る

濡らす 적시다　　　　　　　濡れる 젖다

ずぶ濡れ 흠뻑 젖음

ジュ

070 濫　**071** 瀬　**072** 凄

070

濫　濫

氵 氵 氵 氵 氵 氵 氵
氵 氵 氵 氵 氵 濫 濫

ラン

氾濫 범람
はんらん

濫用 남용
らんよう

(넘칠 람)

071

瀬　瀬

氵 氵 氵 氵 氵 沖 沖
沖 沖 沖 沖 瀬 瀬 瀬 瀬

せ

浅瀬 얕은 여울
あさせ

瀬戸物 도자기
せ ともの

(여울 뢰) 瀬

072

凄　凄

丶 冫 冫 冫 冫 冫 凄
凄 凄

すご-い

凄い 굉장하다
すご

物凄い 대단하다
ものすご

セイ

(쓸쓸할 처)

073 凝 **074** 朴 **075** 朽

073 凝

凝 凝 ` ⺀ ⺀ ⺀ ⺀ ⺀ ⺀
凝 凝 凝 凝 凝 凝 凝

こ-らす **こ-る**

凝らす (한곳에) 집중시키다/엉기게 하다

凝る 엉기다/열중하다   凝り性 골몰하는 성질

ギョウ

(엉길 응)

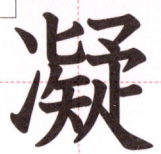

074 朴

朴 朴 ー 十 オ 木 朴 朴

ボク

素朴 소박

(성씨 박)

075 朽

朽 朽 ー 十 オ 木 朽 朽

く-ちる

朽ちる 썩다

キュウ

老朽化 노후화

(썩을 후)

076 杉　**077** 枢　**078** 松

(삼나무 삼)

杉 杉　一 十 才 木 札 杉 杉　**076**

すぎ
杉 삼나무
すぎ

(지도리 추) 樞

枢 枢　一 十 才 木 朽 杯 枢　**077**

スウ
中枢 중추
ちゅうすう

(소나무 송)

松 松　一 十 才 木 才 松 松　**078**

まつ
松 소나무
まつ

ショウ

73

온라인 테스트

001-078

아래 웹사이트에 접속하여 001~078의 한자를 복습하십시오.

PC http://www.hedgroup.co.kr/JLPT/N1_Kanji/Chapter1.html

제1장

시험에 자주 나온다!

N1 한자
079-156

079 枠　080 枕　081 架

079

枠　枠
一 十 才 木 朼 枠 枠 枠

わく

枠 테두리/범위
わく

別枠 별도 범위
べつわく

(벚나무 화)

080

枕　枕
一 十 才 木 朼 枕 枕

まくら

枕 베개
まくら

(베개 침)

081

架　架
フ カ か 加 加 加 架 架
架

か-ける　か-かる

カ

担架 들것
たんか

架空 가공
かくう

(시렁 가)

082 梅 083 桃 084 栓

(매화 매) 梅

梅	梅	一	十	才	木	木'	木"	杧
柜	梅							082

うめ
梅 매실   梅干し 우메보시/매실 장아찌
うめ   うめ ぼ

バイ

☆ 梅雨 장마
  つゆ

(복숭아 도) 桃

桃	桃	一	十	才	木	杧	札	材
桃	桃							083

もも
桃 복숭아
もも

トウ

(마개 전) 栓

栓	栓	一	十	才	木	木'	杧	栓
栓	栓							084

セン
栓 마개   消火栓 소화전
せん   しょう か せん

77

085 核　086 桟　087 栽

085 核

一 十 十 十 十 十 杧 杧 核 核

カク

結核 결핵
けっかく

核 씨/핵
かく

核心 핵심
かくしん

(씨 핵)

086 桟

一 十 十 十 十 十 杧 栈 桟 桟

サン

桟橋 잔교/부두/선창
さんばし

(사다리 잔)

087 栽

一 十 十 土 丰 丰 未 栽 栽 栽

サイ

盆栽 분재
ぼんさい

栽培 재배
さいばい

(심을 재)

219 培
502 盆

088 梢　089 棟　090 椅

梢	梢	一	十	才	木	桁	桁	桁
		桁	梢	梢				

こずえ　**かじ**
梢(こずえ) 나뭇가지 끝

(마들가리 소) 梢　**ショウ**

棟	棟	一	十	才	木	桁	桁	桁
		桁	桙	棟	棟			

むね　**むな**
別棟(べつむね) 별동

(마룻대 동)　**トウ**

棟(とう) 동　　　病棟(びょうとう) 병동

椅	椅	一	十	才	木	杧	杧	椊
		椊	椅	椅	椅			

イ

椅子(いす) 의자　　　車椅子(くるまいす) 휠체어

(의자 의)

091 棄　**092** 概　**093** 槽

091

棄　棄

丶 亠 𠆢 㐂 产 产 产 卉 查 查 章 棄 棄

（버릴 기）

す-てる
棄てる 버리다

キ
破棄 파기　　　廃棄 폐기
放棄 포기　　　棄権 기권

092

概　概

一 十 才 木 朼 朼 杚 根 根 柢 柢 梎 概

（대개 개）概

ガイ
大概 대개　　　概論 개론
概要 개요　　　概略 개략
概説 개설

093

槽　槽

一 十 才 木 朼 朼 柿 柿 柿 槽 槽 槽 槽

（구유 조）

ソウ
水槽 수조

80

094 樹 **095** 欄 **096** 称

094 樹

ジュ

街路樹 가로수
かいろじゅ

樹木 수목
じゅもく

樹立 수립
じゅりつ

(나무 수)

095 欄

ラン

欄 란
らん

空欄 공란
くうらん

投稿欄 투고란
とうこうらん

(난간 란) 欄
104 稿

096 称

ショウ

名称 명칭
めいしょう

称する 칭하다
しょう

(일컬을 칭) 稱

097 秩　098 稀　099 稚

097 秩 (차례 질)

秩　秩

｀ ＝ 千 千 禾 禾 秄
秩 秩

チツ
秩序 질서
ちつじょ

098 稀 (드물 희)

稀　稀

｀ ＝ 千 千 禾 禾 秄
秒 秒 稀 稀

ま-れ　うす-い
稀れ 드물다
ま

ケ　キ
稀有 희유/희한
け　う

099 稚 (어릴 치)

稚　稚

｀ ＝ 千 千 禾 禾 秄
秆 秆 稚 稚 稚

チ
幼稚 유치　　　　幼稚園 유치원
よう ち　　　　　よう ち えん

100 穀 **101** 稲 **102** 穂

		一	十	士	卢	声	吉	声	幸	**100**
□ 穀	穀 穀	幸	𣖾	榖	榖	榖	穀			

コク

穀物 곡물
こくもつ

(곡식 곡) 穀

		ノ	ニ	千	禾	禾	禾'	秆	秆	**101**
□ 稲	稲 稲	秆	秆	秆	稻	稲	稲			

いね **いな**

稲 벼　　　　　　　　　稲光 번개
いね　　　　　　　　　いなびかり

トウ

(벼 도) 稲

		ノ	ニ	千	禾	禾	禾'	秆	秆	**102**
□ 穂	穂 穂	秆	秆	秆	穂	穂	穂			

ほ

穂 이삭
ほ

スイ

(이삭 수) 穂

103 稼 104 稿 105 稽

103 稼

稼 稼 | ノ 二 千 チ 禾 禾' 禾'' 秆
秆 秆 秆 秆 稔 稼 稼

(심을 가)

かせ-ぐ
稼ぐ 돈벌이하다/벌다
かせ

共稼ぎ 맞벌이
ともかせ

カ
稼働 가동
かどう

---

104 稿

稿 稿 | ノ 二 千 チ 禾 禾' 禾'' 秆
秆 秆 秆 稿 稿 稿

(볏짚 고)
(원고 고)

コウ
原稿 원고
げんこう

投稿 투고
とうこう

投稿欄 투고란
とうこうらん

095 欄

---

105 稽

稽 稽 | ノ 二 千 チ 禾 秆 秆
秆 秆 秠 秠 稽 稽 稽

(상고할 계) 稽

ケイ
滑稽 우스움
こっけい

稽古 배움
けいこ

106 穫 **107** 釈 **108** 耗

(거둘 확)

穫 穫 千 禾 禾 禾 禾' 禾'' 禾'''
穫 秆 秆 秆 秆 稚 穡 穫

カク
収穫 수확
しゅうかく

(풀 석) 釋

釈 釈 ノ 丶 爫 米 乎 乎 釆
釈 釈 釈

シャク
解釈 해석   釈放 석방
かいしゃく   しゃくほう

(소모할 모)

耗 耗 一 二 三 丰 耒 耒 耒'
耒' 耗

モウ コウ
消耗 소모/지침   消耗品 소모품
しょうもう   しょうもうひん

109 那 **110** 邦 **111** 邸

109 那

フ ヨ ヲ 尹 尹' 那 那

ナ
旦那 남편
だんな

(어찌 나)
(어조사 내)
286 旦

110 邦

一 二 三 丰 丰' 邦' 邦

ホウ
連邦 연방
れんぽう

(나라 방)

111 邸

' 亻 厂 氏 氏 氏' 氏' 邸

テイ
豪邸 대저택   邸宅 저택
ごうてい   ていたく

(집 저)
595 豪

112 阻　113 邪　114 附

112 阻

阻 阻　｜ ７ ３ ３ ３ ４ ４ ４ 阻

(막힐 조)

はば-む
阻む 방해하다/저지하다
はば

ソ
阻止 방지
そ し

113 邪

邪 邪　｜ ｜ ｜ ｜ ｜ ｜ ｜ 邪

(간사할 사)
(그런가 야)
(나머지 여)

459 魔

ジャ
無邪気 천진함　　　邪魔 방해
む じゃ き　　　　　じゃ ま

☆ 風邪 감기
か ぜ

114 附

附 附　｜ ７ ３ ３ ３ ４ ４ 附 附

(붙을 부)

フ
附近 부근　　　附属 부속
ふ きん　　　　ふ ぞく

115 郡 116 陷 117 陣

115 郡 (고을 군)

郡 郡 | ⁻ ⁻¹ ⁻² ⁻³ 尹 君 君³
郡³ 郡

こおり
郡 군/마을

グン
郡 군
郡役所 군청

116 陷 (빠질 함) 陷

陷 陷 | ⁻ ⁻¹ ⁻² ⁻³ 阝 阝´ 阝´´ 阶 陷
陷 陷

おちい-る　おとしい-れる
陷る 빠지다

カン
欠陷 결함

117 陣 (진칠 진)

陣 陣 | ⁻ ⁻¹ 阝 阝⁻ 阝 阝 陣
陣 陣

ジン
陣 진/진영/집단
陣地 진지

118 郷　119 陰　120 陳

(시골 향) 郷
486 愁
509 里

郷	郷	ク	幺	夕	幻	幻	乡	纟	糺
		郷	郷	郷					

キョウ　ゴウ

故郷 고향
こきょう

郷里 향리/고향
きょうり

郷土 향토
きょうど

同郷 동향
どうきょう

郷愁 향수
きょうしゅう

郷土愛 향토애
きょうどあい

(응달 음)

陰	陰	¬	ョ	β	β′	β⌐	阝⊦	陉
		陰	陰	陰				

かげ　かげ-る

陰 그늘
かげ

日陰 응달
ひかげ

物陰 가리어서 보이지 않는 곳
ものかげ

お陰 덕택/덕분
おかげ

木陰 나무 그늘
こかげ

陰口 험담/뒷담화
かげぐち

イン

陰気 음기
いんき

(베풀 진)
(묵을 진)

陳	陳	¬	ョ	β	β′	β⌐	阝⊦	阡
		陣	陳	陳				

チン

陳列 진열
ちんれつ

121 陶　122 陵　123 隊

121 陶

陶 陶

｀ ｀ ｀ 阝 阝 阝 阝 陶
陶 陶 陶

トウ

陶器 도기
とうき

陶芸 도예
とうげい

(질그릇 도)

122 陵

陵 陵

｀ ｀ 阝 阝⁻ 阝⁺ 阝⁺ 阝⁻ 阝⁺
阝 陵 陵

みささぎ

陵 능/능묘
みささぎ

(언덕 릉) 陵
651 丘

リョウ

丘陵 언덕
きゅうりょう

123 隊

隊 隊

｀ ｀ 阝 阝 阝 阝 阝
阝 阝 阝 隊

タイ

隊 대/부대
たい

軍隊 군대
ぐんたい

(무리 대) 隊

兵隊 병정/병사
へいたい

124 随 **125** 隙 **126** 隔

(따를 수) 随

随 随 | ｱ ｸ ｦ ﾄﾞ ﾄﾞ' ﾄﾞﾄ 阽 陏
陏 陏 随 随

ズイ
随時 수시
ずいじ

随筆 수필
ずいひつ

随分 대단히
ずいぶん

(틈 극)

隙 隙 | ｱ ｸ ｦ ﾄﾞ ﾄﾞ' ﾄﾞﾂ ﾄﾞﾄ 陗
陗 陷 陷 隙 隙

すき
隙 틈
すき

隙間 틈새
すきま

ゲキ
隙 틈/불화
げき

(사이 뜰 격)

隔 隔 | ｱ ｸ ｦ ﾄﾞ ﾄﾞ' ﾄﾞﾄ 陌
陌 陌 隔 隔 隔

へだ-てる　**へだ-たる**
隔てる 사이를 떼다/사이를 두다
へだ

隔たる 떨어지다/경과하다
へだ

カク
遠隔 원격
えんかく

間隔 간격
かんかく

隔離 격리
かくり

隔日 격일
かくじつ

隔週 격주
かくしゅう

隔月 격월
かくげつ

127 粋　128 粘　129 粗

127 粋

(순수할 수) 粋
(모을 췌) 萃

粋　粋

丶　丷　䒑　半　米　米　粁　粋

いき
粋 세련되고 운치와 매력이 있음/풍류에 통달함

スイ
純粋 순수　　　　　抜粋 발췌

★일본한자에서 すいは 粋=萃로 같이 쓰고 はっすい(抜粋=抜萃)로 사용한다.

128 粘

(붙을 점)

粘　粘

丶　丷　䒑　半　米　米　粁　粘

ねば-る
粘る 잘 달라붙다/끈적대다　　粘り 끈기

粘り強い 끈질기다

ネン

129 粗

(거칠 조)

粗　粗

丶　丷　䒑　半　米　米　粁　粗

あら-い
粗い 거칠다　　　　粗筋 개략/개요

ソ
粗末 허술하고 나쁨　　粗大ごみ 대형 쓰레기

130 粧 **131** 糧 **132** 脅

粧	粧	`	``	冖	半	米	米'	米`	粒	**130**
		粒	粒	粧	粧					

ショウ

化粧 화장   化粧品 화장품
けしょう   けしょうひん

(단장할 장)

糧	糧	`	半	米	米	米'	米'	粌	粐	**131**
		粐	粐	糌	糧	糧	糧	糧	糧	

リョウ　ロウ

食糧 식량
しょくりょう

(양식 량)

脅	脅	フ	力	歹	丸	丸ˊ	丸丸	脅	脅	**132**
		脅	脅							

おど-す　おど-かす　おびや-かす

脅し 위협   脅す 위협하다
おど   おど

脅かす 위협하다
おびや

キョウ

脅迫 협박
きょうはく

(위협할 협)

462 迫

133 腐 134 膚 135 肝

133 腐 (썩을 부)

腐 腐

`、 一 广 广 广 府 府 府 府 府 腐 腐 腐`

くさ-る　くさ-らす
腐る 썩다
くさ

フ
豆腐 두부　　　　　腐敗 부패
とうふ　　　　　　　ふはい

134 膚 (살갗 부)

膚 膚

`、 ー ト 广 户 庐 虍 虍 虍 虐 虐 膚 膚 膚`

フ
皮膚 피부　　　　　皮膚炎 피부염
ひふ　　　　　　　ひふえん

135 肝 (간 간)

肝 肝

`丿 几 月 月 肝 肝 肝`

きも

カン
肝心 긴요/중요　　　肝腎 긴요/중요
かんじん　　　　　　かんじん

136 肘 **137** 肪 **138** 肥

(팔꿈치 주)

肘 肘 | ノ 几 月 月 月⁻ 肘 肘 **136**

ひじ

肘 팔꿈치
ひじ

(살찔 방)

肪 肪 | ノ 几 月 月 月' 月⁻ 肪 肪 **137**

ボウ

脂肪 지방   　　体脂肪 체지방
しぼう　　　　　たいしぼう

(살찔 비)

肥 肥 | ノ 几 月 月 月⁻ 月⁻ 月⁻ 肥 **138**

こ-える　こえ　こ-やす　こ-やし

肥える 살이 찌다　　舌が肥える 음식 맛을 잘 안다/입이 고급이다
こ　　　　　　　　したこ

目が肥える 안목이 높아지다
めこ

ヒ

肥料 비료　　　　肥満 비만
ひりょう　　　　　ひまん

139 肢 **140** 股 **141** 肺

139 肢

肢 肢 | ノ 几 月 月 月一 月十 肢 肢

シ
選択肢 선택지
せんたくし

(팔다리 지)
168 択

140 股

股 股 | ノ 几 月 月 月' 肌 股 股

また
股 허벅지
また

(넓적다리 고)
コ

141 肺

肺 肺 | ノ 几 月 月 月' 月宀 肚 肺
肺

ハイ
肺 폐　　　肺炎 폐렴
はい　　　　はいえん

(허파 폐)

142 胞　143 胆　144 朗

142 胞
(세포 포) 胞

ホウ
細胞 세포
さいぼう

획순: ノ 丿 丌 月 月 肑 朐 胞 胞

143 胆
(쓸개 담) 膽

タン
大胆 대담
だいたん

落胆 낙담
らくたん

획순: ノ 丿 丌 月 月 肛 旧 胆 胆

144 朗
(밝을 랑) 朗

ほが-らか
朗らか 쾌활한 모양
ほが

ロウ
明朗 명랑
めいろう

朗読 낭독
ろうどく

朗報 낭보
ろうほう

획순: 丶 ﾉ ⺈ ⺄ 自 良 郎 朗 朗

145 脇　**146** 胴　**147** 脱

145 脇

脇　脇

| ノ | 刀 | 月 | 月 | 月ク | 肸 | 肸 |
| 脇 | 脇 | | | | | |

わき

脇 겨드랑이
わき

脇役 조연
わきやく

(위협할 협)

146 胴

胴　胴

| ノ | 刀 | 月 | 月 | 月 | 肌 | 肌 |
| 胴 | 胴 | | | | | |

ドウ

胴 몸통/동
どう

胴体 동체
どうたい

(큰창자 동)

(몸통 동)

147 脱

脱　脱

| ノ | 刀 | 月 | 月 | 月´ | 月´ | 胖 |
| 胖 | 胖 | 脱 | | | | |

ぬ-ぐ　ぬ-げる

脱ぐ 벗다
ぬ

(벗을 탈) 脱
465 逸

ダツ

逸脱 일탈
いつだつ

脱出 탈출
だっしゅつ

脱退 탈퇴
だったい

脱線 탈선
だっせん

脱する 벗어나다
だっ

148 脚 **149** 豚 **150** 腸

148

脚 脚 | ノ 月 月 月 月 肝 胙 胠
肤 肭 脚

あし
キャク キャ

失脚 실각　　　脚色 각색
しっきゃく　　　きゃくしょく

脚本 각본
きゃくほん

(다리 각)

149

豚 豚 | ノ 月 月 月 厂 厅 厉
肟 肟 豚

ぶた
豚肉 돼지고기　　　豚に真珠 돼지 목에 진주
ぶたにく　　　　　　ぶた　しんじゅ

トン

(돼지 돈) 豚
257 珠

150

腸 腸 | ノ 月 月 月 厂 旷 胛 胛
胛 胛 腭 腸 腸

チョウ

腸 장/창자　　　胃腸 위장
ちょう　　　　　いちょう

(창자 장)

151

腫

(종기 종)

腫 腫

ノ	丿	月	月	月	胪	胪	脌
脜	胪	胪	腫	腫			

は-れる　は-らす

腫れる 붓다　　　　　腫れ物 종기

シュ

152

膜

(꺼풀 막)
(막 막)

450 鼓

膜 膜

ノ	丿	月	月	月	月一	月+	月士
胪	胪	胪	腊	膵	膜		

マク

膜 막　　　　　　　鼓膜 고막

153

膝

(무릎 슬)

膝 膝

ノ	丿	月	月	月一	月十	月+	胩
胪	胦	胦	膝	膝	膝	膝	

ひざ

膝 무릎

154 膨 **155** 臆 **156** 盲

154 膨 (부를 팽)

膨 膨 ｜ 刀 月 月 月ˊ 月ˊ 月ˊ 月ˊ
脞 脞 脞 脞 脞 脞 膨 膨

ふく-らむ　ふく-れる

膨らむ 부풀어 오르다　　　　　膨れる 부풀다
ふく　　　　　　　　　　　　　ふく

膨らます 부풀게 하다
ふく

ボウ

膨脹 팽창　　　　　　　　　　膨大 방대/팽대
ぼうちょう　　　　　　　　　　ぼうだい

155 臆 (가슴 억)

臆 臆 ｜ 刀 月 月ˊ 月ˊ 月ˊ 月ˊ 月ˊ
脞 脞 脞 脞 脞 臆 臆 臆

オク

臆病 겁이 많음/겁보
おくびょう

156 盲 (맹인 맹) (눈멀 맹)

盲 盲 ` 亠 亠 宀 亠 盲 盲 盲

モウ

盲点 맹점
もうてん

온라인 테스트

079-156

아래 웹사이트에 접속하여 079~156의 한자를 복습하십시오.

`PC` http://www.hedgroup.co.kr/JLPT/N1_Kanji/Chapter2.html

`Smartphone`

제1장

시험에 자주 나온다!

N1 한자

157-234

> クイズ
> 「あこがれる」はどう書く?
>
> 憐れる　惜れる　懐れる　憧れる

157 盾 158 眉 159 眼

157 盾

一 厂 厂 厂 斤 所 盾 盾

たて
盾 방패

ジュン
矛盾 모순

(방패 순)
657 矛

158 眉

フ フ 了 尹 尸 屑 屑 眉

まゆ
眉 눈썹　　　眉毛 눈썹

ビ ミ

(눈썹 미)

159 眼

丨 冂 冂 月 目 目' 目ᄀ 目ᄏ 眄 眼 眼

め まなこ
眼鏡 안경

ガン ゲン
近眼 근시안　　着眼 착안
眼科 안과　　眼球 안구

(눈 안)
245 鏡

160 督 161 睡 162 瞳

		丶	卜	上	才	叔	卡刁	叔	160
		杈	柖	柖	督	督			

トク

監督 감독
かんとく

督促 독촉
とくそく

(감독할 독)

504 監

		丨	冂	冃	目	目	旷	旷	161
		旷	旷	旰	睡	睡			

スイ

昏睡 혼수
こんすい

睡眠 수면
すいみん

睡眠不足 수면부족
すいみんぶそく

睡眠時間 수면시간
すいみんじかん

(졸음 수)

		丨	冂	冃	目	目'	旷	旷	162
		旷	旷	睁	睁	暗	瞳	瞳	

ひとみ

瞳 눈동자
ひとみ

(눈동자 동)

799 孔

ドウ

瞳孔 동공
どうこう

 163 瞬 164 跳 165 践

163 瞬 (깜짝일 순)

瞬	瞬	丨	冂	冂	目	目	目	目
		瞬	瞬	瞬	瞬	瞬	瞬	瞬

またた-く
瞬き 눈을 깜빡임
またた

シュン
一瞬 일순   瞬間 순간
いっしゅん   しゅんかん

164 跳 (뛸 도)

跳	跳	丶	冂	口	口	묘	무	足	뙤
		趴	趴	跳	跳	跳			

は-ねる   **と-ぶ**
跳ねる 뛰다   跳ぶ 뛰다
は   と

チョウ

165 践 (밟을 천) 踐

践	践	丶	冂	口	口	묘	무	足	趴
		趴	践	践	践				

セン
実践 실천
じっせん

166 蹴 **167** 躍 **168** 択

166

(찰 축)

蹴	蹴	口	口	足	足	足	趴	趵
		跗	跗	踏	踰	蹴	蹴	蹴

け-る
蹴る 차다　　蹴飛ばす 걷어차다

シュウ

167

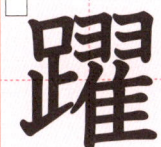

(뛸 약) 躍

躍	躍	口	무	뮤	早	早	早	뭐
		꿘	躍	躍	躍	躍	躍	躍

おど-る
心が躍る 마음이 설레다

ヤク

活躍 활약　　　　一躍 일약

飛躍 비약　　　　飛躍的な 비약적인

168

(가릴 택) 擇
139 肢

択	択	一	十	才	扩	护	护	択

タク

採択 채택　　　　選択 선택

選択肢 선택지

169 扶　170 把　171 拍

169 扶 （도울 부）

扶 扶　一 十 扌 扌 扌 扶 扶

フ

扶養 부양
ふよう

170 把 （잡을 파）

把 把　一 十 扌 扌' 扌' 把 把

ハ

大雑把 조잡함　　　把握 파악
おおざっぱ　　　　はあく

171 拍 （칠 박）

拍 拍　一 十 扌 扌' 扌' 拍 拍 拍

ハク　ヒョウ

拍手 박수　　　拍車をかける 박차를 가하다
はくしゅ　　　はくしゃ

108

172 拓 **173** 拘 **174** 披

拓 拓 ｜ 一 ナ 扌 扩 扩 扩 拓 拓 | **172**

タク

開拓 개척
かいたく

(넓힐 척)

拘 拘 ｜ 一 ナ 扌 扌 扚 扚 拘 拘 | **173**

コウ

拘束 구속
こうそく

(잡을 구)

披 披 ｜ 一 ナ 扌 扌 扩 抈 披 披 | **174**

ヒ

披露 피로　　　披露宴 피로연
ひろう　　　　　ひろうえん

(헤칠 피)
307 露
563 宴

175 拐 **176** 括 **177** 挑

175

拐 拐
一 扌 扌 扌 扩 护 拐 拐

カイ
誘拐 유괴
ゆうかい

(후릴 괴) 拐

176

括 括
一 扌 扌 扩 拝 拝 扦 括 括

カツ
一括 일괄　　　括弧 괄호
いっかつ　　　　かっこ

(묶을 괄)
411 弧

177

挑 挑
一 扌 扌 扌 扌 扌 扎 挑 挑

いど-む
挑む 도전하다
いど

チョウ
挑戦 도전
ちょうせん

(돋울 도)

178 挿 **179** 挨 **180** 拶

(꽂을 삽) 挿

挿 挿 一 十 扌 扌 扩 拒 拒 拒 挿

さ-す
挿す 꽂다

ソウ
挿入 삽입
そうにゅう

(밀칠 애)
180 拶

挨 挨 一 十 扌 扌 扩 护 按 挨

アイ
挨拶 인사
あいさつ

(짓누를 찰)
179 挨

拶 拶 一 十 扌 扌 扩 扩 拶 拶

サツ
挨拶 인사
あいさつ

181 控

控 控
一 十 扌 扌' 扌' 扩 护
护 控 控

ひか-える
控える 잡아끌다/삼가다
控え室 대기실

コウ
控除 공제

(당길 공)

182 掛

掛 掛
一 十 扌 扌 扩 护 护
挂 挂 掛

か-ける　か-かる　かかり
見掛け 겉보기
話し掛ける 말을 걸다
通り掛かる (마침) 지나가다
気掛かり 걱정
心掛け 마음가짐

(걸 괘)

183 据

据 据
一 十 扌 扩 护 护 押
押 据 据

す-える　す-わる
据える 붙박다
据え付ける 고정하다

(근거 거) 據

184 措 **185** 排 **186** 揚

| 措 | 措 | 一 | 十 | 扌 | 扌 | 扩 | 拌 | 拌 | **184** |
| 拌 | 措 | 措 | | | | | | | |

ソ
措置 조치
そち

(둘 조)

| 排 | 排 | 一 | 十 | 扌 | 扌 | 扌 | 非 | 挂 | **185** |
| 排 | 排 | 排 | | | | | | | |

ハイ
排出 배출　　　排除 배제
はいしゅつ　　　はいじょ

排水 배수
はいすい

(밀칠 배)

| 揚 | 揚 | 一 | 十 | 扌 | 扌 | 护 | 押 | 押 | **186** |
| 押 | 捐 | 揚 | 揚 | | | | | | |

あ-げる　あ-がる
揚げる 높이 올리다/튀기다　　　引き揚げる 인양하다
あ　　　　　　　　　　　　　　ひ　あ

ヨウ
意気揚々 의기양양
い き ようよう

(날릴 양)

113

187 搭 **188** 揃 **189** 揺

187 搭

(탈 탑)

筆順: 一 † 扌 扌 扩 扩 抖 抖 抜 搭 搭

トウ

搭乗 탑승
とうじょう

搭載 탑재
とうさい

188 揃

(자를 전) 揃

筆順: 一 † 扌 扌 扩 扩 挿 挿 揃 揃

そろ-える　そろ-い　そろ-う

揃える 가지런히 하다/갖추다
そろ

揃い (모두) 갖추어짐
そろ

お揃い 맞춤
そろ

セン

189 揺

(흔들 요) 搖

筆順: 一 † 扌 扌 扩 扩 抖 抖 挊 揺 揺

ゆ-さぶる　ゆ-らぐ　ゆ-れる　ゆ-する　ゆ-る　ゆ-すぶる

揺さぶる 흔들다
ゆ

揺らぐ 요동하다
ゆ

揺れる 흔들리다
ゆ

ヨウ

動揺 동요
どうよう

190 揮 **191** 搬 **192** 摘

(휘두를 휘)

揮 揮
一 十 扌 扌 扩 护 挦 捐 捐 揎 揮

キ
指揮 지휘
しき
発揮 발휘
はっき

(옮길 반)

搬 搬
一 十 扌 扌 扩 扐 扔 拑 捎 捎 搬 搬

ハン
運搬 운반
うんぱん
搬送 반송
はんそう

(딸 적)

摘 摘
一 十 扌 扌 扩 扩 护 护 护 挦 摘 摘 摘 摘

つ-む
摘む 따다/뜯다/가지런히 깎다
つ

テキ
指摘 지적
してき

193 撤 **194** 撫 **195** 撒

193

撤 撤

一 扌 扌 扌 扩 扩 扩 扩
拮 拮 揹 揹 撤 撤

テツ

撤回 철회
てっかい

(거둘 철)

194

撫 撫

一 扌 扌 扌 扩 扩 扩 扩
扞 押 撫 撫 撫 撫 撫

な-でる

撫でる 어루만지다
な

ブ　フ

(어루만질 무)

195

撒 撒

一 扌 扌 扌 扩 扩 扩 扩
拮 拮 揹 揹 撒 撒 撒

ま-く

撒く 뿌리다
ま

サツ　サン

(뿌릴 살)

196 撲 **197** 擦 **198** 炊

---

196 撲

(칠 박)
059 滅

筆順: 一 亅 扌 扌 扌 扌 扌 扑 扑 扑 扑 撲 撲

ボク
撲滅 박멸
ぼくめつ

☆ 相撲 스모/씨름
すもう

---

197 擦

(문지를 찰)
519 摩

筆順: 一 扌 扌 扌 扩 扩 扩 扩 扩 扩 护 挠 挠 擦 擦

す-る　す-れる
擦る 문지르다
す

擦れる 스치다
す

擦れ違い 엇갈림
す ちが

擦り切れる 닳아서 끊어지다
す き

サツ
摩擦 마찰
まさつ

---

198 炊

(불 땔 취)

筆順: 丶 丷 丷 火 火 灯 炊 炊

た-く
炊く 밥을 짓다
た

スイ
自炊 자취
じすい

炊事 취사
すいじ

炊飯器 밥솥
すいはんき

199 煩　**200** 恨　**201** 悟

199 煩 (번거로울 번)

煩 煩

` ノ ｀ ゞ 火 灯 灯 炉 炉 煩 煩 煩 煩 煩

わずら-わす　わずら-う
煩わしい 번거롭다
わずら

ハン　ボン
煩雑 번잡
はんざつ

200 恨 (한 한)

恨 恨

` ノ ｀ 忄 忄 忄 忓 恨 恨 恨

うら-む　うら-めしい
恨み 원한　　　　　　　　恨む 원망하다
うら　　　　　　　　　　　うら

コン

201 悟 (깨다를 오)

悟 悟

` ノ ｀ 忄 忄 忏 悟 悟 悟 悟

さと-る
悟る 깨닫다
さと

ゴ
覚悟 각오
かくご

202 惨　203 惜　204 惚

	惨	惨	'	'	忄	忄	忄	忄	忄	202
			忄	惨	惨					

みじ-め
惨め 비참함

(참혹할 참) 惨

サン　ザン
悲惨 비참

	惜	惜	'	'	忄	忄	忄	忄	忄	203
			惜	惜	惜					

お-しい　お-しむ
惜しい　아깝다

惜しむ　아쉬워하다

(아낄 석)

セキ

	惚	惚	'	'	忄	忄	忄	忄	忄	204
			惚	惚	惚					

ほう-ける　ほ-れる　ぼ-ける　とぼ-ける
惚ける　멍해지다/열중하다　　うぬ惚れ　자만

(황홀할 홀)

コツ

205

(즐거울 유) 愉

愉 愉

`	ハ	忄	忄	忄	忄	忄	恰
恰	恰	愉	愉				

ユ
愉快 유쾌
ゆかい

206

(삼갈 신) 慎
282 謹

慎 慎

`	ハ	忄	忄	忄	忄	忄	怡
怡	恒	恒	慎	慎			

つつし-む
慎む 조심하다
つつし

慎み 조심성
つつし

シン
謹慎 근신/삼감
きんしん

慎重 신중
しんちょう

207

(슬퍼할 개) 慨
210 憤

慨 慨

`	ハ	忄	忄	忄	ヨ	忄ヨ	忄ヨ
忄ヨ	忄ヨ	忄ヨ	忄ヨ	慨			

ガイ
憤慨 분개
ふんがい

感慨無量 감개무량
かんがい む りょう

208 慢 **209** 憧 **210** 憤

208

慢 慢 ｜ 丶 忄 忄 忄 忄 忄 忄
忄 忄 忄 忄 慢 慢

マン

怠慢 태만 　　　我慢 자제
たいまん　　　　　　がまん

自慢 자만 　　　慢性 만성
じまん　　　　　　まんせい

(거만할 만)
483 怠

209

憧 憧 ｜ 丶 忄 忄 忄 忄 忄 忄
忄 忄 忄 忄 憧 憧 憧

あこが-れる

憧れ 동경 　　　憧れる 동경하다
あこが　　　　　　あこが

(동경할 동)
ショウ

210

憤 憤 ｜ 丶 忄 忄 忄 忄 忄
忄 忄 忄 憤 憤 憤 憤

いきどお-る

憤る 분개하다 　　　憤り 분개
いきどお　　　　　　いきどお

(분할 분)
フン

207 慨 憤慨 분개
ふんがい

211 懐 **212** 憾 **213** 巧

211

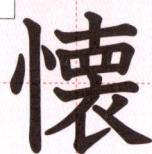

(품을 회) 懐

懐 懐 ｜ ｜ 忄 忄 忄 忄 忄
忄 忄 忄 忄 忄 懐 懐

なつ-く　**なつ-かしい**　**ふところ**　**なつ-かしむ**　**なつ-ける**

懐く 따르다
なつ

懐かしい 그립다
なつ

人懐こい 붙임성이 있다
ひとなつ

懐 품
ふところ

懐具合 주머니 사정
ふところ ぐ あい

カイ

212

(섭섭할 감)
472 遺

憾 憾 ｜ ｜ 忄 忄 忄 忄 忄
忄 忄 憾 憾 憾 憾 憾

カン

遺憾 유감
い かん

213

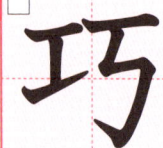

(공교할 교)
310 妙

巧 巧 一 丁 工 巧 巧

たく-み

巧み 기교
たく

コウ

精巧 정교
せいこう

巧妙 교묘
こうみょう

214 垂 215 垣 216 垢

214 垂

垂 垂 　ノ 二 三 チ 乒 乖 垂 垂

(드리울 수)

た-れる　た-らす
垂れる 늘어지다

スイ
垂直 수직
すいちょく

215 垣

垣 垣　一 十 土 圹 垆 垣 垣
垣

(담 원)

かき
垣根 울타리
かきね

216 垢

垢 垢　一 十 土 圹 圹 圹 垢
垢

(때 구)

あか　よご-れる　けが-れる　はじ
垢 때
あか

コウ　ク

217 執 **218** 堀 **219** 培

217 執

執執 一十土 キ キ 圶 幸 幸 執 執

と-る
シツ シュウ

固執 고집
こしつ

執筆 집필
しっぴつ

執着 집착
しゅうちゃく

(잡을 집)

218 堀

堀堀 一十ナ ナ゛ ナ゛ ナ゛ 坭 堀 堀 堀

ほり

堀 해자//땅을 파서 만든 수로
ほり

(굴 굴)

219 培

培培 一十ナ ナ゛ ナ゛ ナ゛ ナ゛ 垃 垃 培 培

つちか-う
バイ

栽培 재배
さいばい

培養 배양
ばいよう

(북돋울 배)
087 栽

220 堅 **221** 堤 **222** 堪

堅	堅	一	Γ	Γ²	⼾	⼾	臣	臤
		臤	臤	堅	堅			

かた-い
堅い 단단하다　　　口が堅い 입이 무겁다
かた　　　　　　　　くち　かた

ケン
堅実 견실
けんじつ

(굳을 견)

堤	堤	ー	ナ	ォ	ガ	圬	坦	坦
		垾	垾	堤	堤			

つつみ

テイ
堤防 제방　　　　　防波堤 방파제
ていぼう　　　　　　ぼうはてい

(둑 제)

堪	堪	ー	ナ	ォ	ガ	圹	妣	壯	堪
		塟	塟	堪	堪				

た-える
堪える 참다
た

タン　カン
堪能 뛰어남
たんのう

堪忍 인내/회를 참고 용서함
かんにん

(견딜 감)
765 忍

223 塀　224 墓　225 塊

223 塀 (담병)

一 十 土 圵 圹 圹 圹 圹 圼 垾 堀 塀

ヘイ
塀 담장
<small>へい</small>

224 墓 (무덤 묘)

一 十 艹 艹 芇 苩 苩 莒 莫 莫 莫 墓

はか
墓 묘
<small>はか</small>

ボ
墓地 묘지
<small>ぼち</small>

225 塊 (덩어리 괴)

一 十 土 土' 圵' 圹 圿 坤 坤 塊 塊 塊

かたまり
塊 덩어리
<small>かたまり</small>

カイ

226 塾 **227** 墨 **228** 墜

226

塾	塾	丶	亠	亠	古	盲	亨	享
		享刂	孰	孰	塾	塾	塾	

ジュク

塾 학원
しゅく

塾
(글방 숙)

227

墨	墨	丨	冂	日	日	甲	里	黒
		黒	黒	黒	黒	黒	墨	

すみ

墨 먹
すみ

ボク

水墨画 수묵화
すいぼく が

墨
(먹 묵) 墨

228

墜	墜	丿	了	阝	阝`	阝`	阝`	阝`
		阝冬	阝冬	隊	隊	墜	墜	墜

ツイ

墜落 추락
ついらく

墜
(떨어질 추) 墜

229 壇 **230** 釜 **231** 釣

229

壇 壇

一 十 扌 扩 扩 圹 圹
圹 圹 圹 壇 壇 壇 壇

ダン タン

花壇 화단　　仏壇 불단
か だん　　　ぶつだん

(단 단)

230

釜 釜

ノ ハ 父 父 父 爷 爷
爷 釜

かま

釜 가마/솥
かま

(가마 부)

231

釣 釣

ノ ハ ㇉ 느 牟 牟 牟 金
釒 釣 釣

つ-る

釣る 낚다　　　釣り 낚시
つ　　　　　　つ

釣り合う 어울리다　お釣り 거스름돈
つ あ　　　　　　つ

釣鐘 조종
つりがね

チョウ

(낚을 조)
(낚시 조)
246 鐘

232 鈴 **233** 鉢 **234** 鉛

232 鈴

鈴 鈴 ノ ハ ㇲ 乍 乍 乍 金
釒 鈩 鈩 鈴 鈴

すず
鈴 방울

レイ　リン

(방울 령)

233 鉢

鉢 鉢 ノ ハ ㇲ 乍 乍 乍 金
釒 針 針 鉢 鉢

ハチ　ハツ
鉢 사발/화분　　　植木鉢 화분

(바리때 발)

234 鉛

鉛 鉛 ノ ハ ㇲ 乍 乍 乍 金
釒 鈆 鈆 鉛 鉛

なまり
鉛 납

エン
鉛筆 연필

(납 연) 鉛

온라인 테스트

157-234

아래 웹사이트에 접속하여 079~156의
한자를 복습하십시오.

PC http://www.hedgroup.co.kr/JLPT/N1_Kanji/Chapter3.html

Smartphone

제1장

시험에 자주 나온다!

N1 한자
235-306

クイズ

「訴える」はどう読む？

たくわえる　つたえる　うったえる　かなえる

235 錢 **236** 銃 **237** 銘

235 錢
(돈 전) 錢

ぜに
小銭 잔돈
こぜに

セン
金銭 금전
きんせん

236 銃
(총 총)

ジュウ
銃 총
じゅう

拳銃 권총
けんじゅう

237 銘
(새길 명)

メイ
感銘 감명
かんめい

銘々 제각기
めいめい

238 錯 **239** 錠 **240** 鋼

238

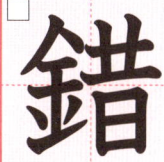

錯 錯 | ノ ヘ ム 仁 乍 乍 牟 金 / 釒 釒 鉗 鋘 錯 錯 錯

サク
錯誤 착오
さくご
錯覚 착각
さっかく

(어긋날 착)

239

錠 錠 | ノ ヘ ム 仁 乍 乍 牟 金 / 釒 釒 釕 錠 錠 錠 錠

ジョウ
手錠 수갑
てじょう
施錠 자물쇠를 채움/잠금
せじょう

(덩이 정)

240

鋼 鋼 | ノ ヘ ム 仁 乍 乍 牟 金 / 釒 釒 鈩 鋼 鋼 鋼 鋼

はがね
鋼 강철
はがね

コウ
鉄鋼 철강
てっこう

(강철 강)

241 鍋 **242** 鍛 **243** 鍵

241

鍋 鍋 ノ 人 ㅅ 乍 乍 金 釘 釖 釦 鈤 鈩 鍋 鍋 鍋

なべ
鍋 냄비

(노구솥 과)

242

鍛 鍛 ノ 人 ㅅ 乍 乍 金 釘 釦 鈩 鉅 鈩 鉛 鍛

きた-える
鍛える 단련하다

(불릴 단)
709 錬

タン
鍛錬 단련

243

鍵 鍵 ノ 人 ㅅ 乍 乍 金 釘 釕 鉔 鉅 銉 鍕 鍵 鍵

かぎ
鍵 열쇠   鍵穴 열쇠 구멍

(열쇠 건)
(자물쇠 건)
ケン

134

244 鎖 **245** 鏡 **246** 鐘

244 鎖

(쇠사슬 쇄)

筆順: ノ 𠂉 𠂊 午 𠂤 金 金' 金'' 金''' 釗 鈶 鈶 鎖 鎖 鎖

くさり
鎖(くさり) 쇠사슬

サ
封鎖(ふうさ) 봉쇄　　閉鎖(へいさ) 폐쇄

245 鏡

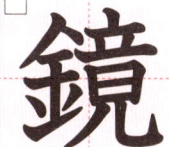

(거울 경)
027 微
159 眼
303 顕

筆順: ノ 𠂉 𠂊 午 金 金' 金'' 金''' 鈶 鈶 鈶 鏡 鏡 鏡 鏡

かがみ
鏡(かがみ) 거울

キョウ
顕微鏡(けんびきょう) 현미경　　望遠鏡(ぼうえんきょう) 망원경
☆ 眼鏡(めがね) 안경

246 鐘

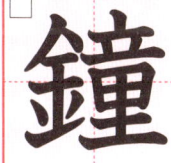

(쇠북 종)
231 釣

筆順: ノ 𠂉 𠂊 午 金 金' 金'' 金''' 鈶 鈶 鈶 鐘 鐘 鐘 鐘

かね
鐘(かね) 종　　釣鐘(つりがね) 조종

ショウ

247 鑑 **248** 砕 **249** 砲

247 鑑

(거울 감)

かんが-みる
カン

印鑑 도장/인감
いんかん

鑑定 감정
かんてい

鑑賞 감상
かんしょう

年鑑 연감
ねんかん

図鑑 도감
ずかん

芸術鑑賞 예술감상
げいじゅつかんしょう

248 砕

(부술 쇄) 砕

くだ-く　くだ-ける

砕く 부수다
くだ

砕ける 부서지다
くだ

サイ

249 砲

(대포 포) 砲

ホウ

鉄砲 총포/총
てっぽう

250 碗 251 碁 252 磁

250 碗

碗 碗
一 ア 石 石 石 石' 石´ 矿
矽 矽 矽 矽 碗

ワン

碗 공기/사발
わん

茶碗 밥공기
ちゃわん

(사발 완)

251 碁

碁 碁
一 十 卄 廿 甘 甘 其 其
其 其 其 碁 碁

ゴ

碁 바둑
ご

碁盤 바둑판
ごばん

囲碁 바둑
いご

(바둑 기)
505 盤

252 磁

磁 磁
一 ア 石 石 石 石' 矿 矿
矿 磁 磁 磁 磁 磁

ジ

磁器 자기/사기그릇
じき

磁気 자기
じき

磁石 자석
じしゃく

(자석 자)

253 碑　254 礎　255 皇

253

碑 (비석 비)

ヒ

碑 비석
記念碑 기념비
石碑 석비/비석/묘석

筆順: 一 ノ ノ 石 石 石 矿 矿 矿 矿 硁 硁 碑 碑

254

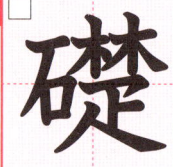

礎 (주춧돌 초)

いしずえ
ソ

基礎 기초
基礎的 기초적

筆順: 一 ノ 石 石 石 矿 矿 矿 矿 矿 矿 碰 碰 碰 礎

255

皇 (임금 황)
713 后

オウ　コウ

天皇 천황
皇后 황후
皇居 황거

筆順: ノ ノ 竹 白 白 白 皁 皇 皇

		256
班 (나눌 반)	班 班	一 T F 王 玎 玎 玐 班 班

ハン
班 반
はん

班長 반장
はんちょう

		257
珠 (구슬 주)	珠 珠	一 T F 王 王 珒 玤 珠 珠

シュ
真珠 진주
しんじゅ

豚に真珠 돼지 목에 진주
ぶた しんじゅ

149 豚

		258
琴 (거문고 금)	琴 琴	一 T F 王 王 玨 玨 珡 珡 琴 琴

こと
琴 거문고
こと

キン

259 只 **260** 叱 **261** 呈

259 只 (다만 지)

只 只 ｜ 冂 口 尸 只

ただ
只（ただ） 무료/다만/보통

シ

260 叱 (꾸짖을 질)

叱 叱 ｜ 冂 口 口 叱

しか-る
叱る（しかる） 꾸짖다

シツ

261 呈 (드릴 정) 呈

呈 呈 ｜ 冂 口 口 무 무 呈

テイ
進呈（しんてい） 진정/진상　　露呈（ろてい） 노정

307 露

262 吟 **263** 唇 **264** 唯

262

(읊을 음)

吟 吟

丶	口	口	口ハ	吟	吟

ギン
吟味 음미
ぎんみ

263

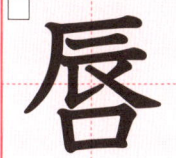

(입술 순) 脣

唇 唇

一	厂	厂	戶	䢈	辰	辰
唇	唇					

くちびる
唇 입술
くちびる

シン

264

(오직 유)

唯 唯

丶	口	口	口'	口丿	口／	呼
唯	唯	唯				

ただ
唯 보통/단
ただ

ユイ　イ
唯一 유일
ゆいいつ

265 嘘 **266** 訂 **267** 託

265 嘘

筆順: 丨 口 口 口ˊ 𠂉 叶 呍 唕 唕 唕 嘘 嘘 嘘 嘘

(불허) 嘘

うそ ふーく はーく
嘘 거짓말
嘘つき 거짓말쟁이

キョ

266 訂

筆順: 丶 亠 ニ 言 言 言 訂

(바로잡을 정)

テイ
改訂 개정
かいてい
訂正 정정
ていせい

267 託

筆順: 丶 亠 ニ 言 言 言 訁 託

(부탁할 탁)

タク
託す 맡기다/부탁하다
たく
委託 위탁
いたく
嘱託 촉탁
しょくたく

719 嘱

268 訴 **269** 訟 **270** 詐

268

(호소할 소)
269 訟

訴訴 ｀ ｺ ｺ ｺ ｺ ﾞ 言 訂
訂 訢 訴 訴

うった-える
訴える 소송하다　　　訴え 소송

ソ
訴訟 소송

269

(송사할 송) 訟
268 訴

訟訟 ｀ ｺ ｺ ｺ ｺ ﾞ 言 訁
訁 訟 訟

ショウ
訴訟 소송

270

(속일 사)
271 欺

詐詐 ｀ ｺ ｺ ｺ ｺ ﾞ 言 訁
訁 訐 詐 詐

サ
詐欺 사기　　　　詐欺師 사기꾼
詐欺事件 사기사건

271 欺 **272** 棋 **273** 誉

271

欺 欺

一	十	廿	甘	甘	苴	其	其
其	欺	欺	欺				

(속일 기)
270 詐

あざむ-く
欺く 속이다
あざむ

ギ
詐欺 사기　　　　　詐欺師 사기꾼
さぎ　　　　　　　　さぎし

詐欺事件 사기사건
さぎじけん

272

棋 棋

一	十	才	才	才	朴	村	柑
柑	柑	棋	棋				

(바둑 기)

キ
将棋 장기
しょうぎ

273

誉 誉

`	`	`	当	产	兴	兴	丛
丛	誉	誉	誉	誉			

(명예 예) 譽

ほ-める　ほま-れ
誉める 칭찬하다
ほ

ヨ
名誉 명예　　　　　名誉市民 명예시민
めいよ　　　　　　めいよしみん

274 誠 **275** 誇 **276** 該

(정성 성)

誠 誠 ｜ 丶 亠 ≐ 主 言 言 訂
｜ 訂 訢 誠 誠 誠

まこと
誠（まこと） 진실

セイ
誠実（せいじつ） 성실　　　　誠意（せいい） 성의
誠心誠意（せいしんせいい） 성심성의　　不誠実（ふせいじつ） 불성실

(자랑할 과)
309 妄

誇 誇 ｜ 丶 亠 ≐ 主 言 言 言
｜ 訂 誇 誇 誇 誇

ほこ-る
誇る（ほこ） 자랑하다　　　誇り（ほこ） 자랑

コ
誇張（こちょう） 과장　　　誇大広告（こだいこうこく） 과대광고
誇大妄想（こだいもうそう） 과대망상

(갖출 해)

該 該 ｜ 丶 亠 ≐ 主 言 言 訁
｜ 言 訞 該 該

ガイ
該当（がいとう） 해당　　　該当者（がいとうしゃ） 해당자

277 誓 **278** 諾 **279** 謡

277

(맹세할 서)

| 一 | 才 | 才 | 扩 | 折 | 折 |
| 折 | 折 | 誓 | 誓 | 誓 | 誓 |

ちか-う
誓う 맹세하다　　誓い 맹세
ちか　　　　　　　ちか

セイ

278

(허락할 락)

| 、 | 宀 | ニ | 言 | 言 | 言 |
| 計 | 計 | 評 | 評 | 許 | 諾 |

ダク
承諾 승낙
しょうだく

279

(노래 요) 謠

| 、 | 宀 | ニ | 言 | 言 | 言 |
| 言 | 許 | 誣 | 謡 | 謡 | 謡 |

うたい　うた-う
ヨウ

歌謡 가요　　　　童謡 동요
か よう　　　　　　どうよう
民謡 민요
みんよう

280 諮 **281** 謀 **282** 謹

280

諮 諮 ` 亠 言 言 言 言 言
諮 諮 諮 諮 諮 諮 諮

はか-る
諮る 의견을 묻다

シ

(물을 자)

281

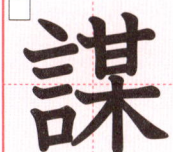

謀 謀 ` 亠 言 言 言 言 言
謀 謀 謀 謀 謀 謀 謀

はか-る

ム　ボウ

無謀 무모

(꾀 모)

282

謹 謹 亠 言 言 言 言 言 言
謹 謹 謹 謹 謹 謹 謹

つつし-む
謹む 황공해 하다/절제하다/자중하다

キン
謹慎 근신

(삼갈 근) 謹
206 慎

283 謎 284 謙 285 譜

283 謎

(수수께끼 미)

なぞ

謎 수수께끼
なぞ

謎々 수수께끼
なぞなぞ

284 謙

(겸손할 겸) 謙

ケン

謙虚 겸허
けんきょ

謙遜 겸손
けんそん

285 譜

(족보 보)

フ

楽譜 악보
がくふ

286 旦 **287** 旬 **288** 旨

286 旦 (아침 단)

旦 旦 ｜ 冂 日 旦

タン　ダン
- 一旦 (いったん) 일단
- 元旦 (がんたん) 설날
- 旦那 (だんな) 남편

109 那

287 旬 (열흘 순)

旬 旬 ノ ク 勺 旬 旬 旬

ジュン　シュン
- 上旬 (じょうじゅん) 상순
- 中旬 (ちゅうじゅん) 중순
- 下旬 (げじゅん) 하순
- 初旬 (しょじゅん) 초순

288 旨 (뜻 지)

旨 旨 ノ ヒ レ 与 旨 旨

うま-い　むね
- 旨い (うま) 맛있다

シ
- 趣旨 (しゅし) 취지
- 要旨 (ようし) 요지
- 主旨 (しゅし) 주지

289

(벌레 곤)
(뒤섞일 혼)

昆 昆

｜ 口 日 日 昆 昆 昆 昆

コン
昆虫 곤충
こんちゅう

290

(이 시)
(옳을 시)

是 是

｜ 口 日 日 旦 早 早 昇 是

ゼ
是正 시정　　　是非 꼭
ぜせい　　　　　ぜひ
是非とも 필히
ぜひ

291

(무릅쓸 모)

冒 冒

おか-す
冒す 무릅쓰다/모독하다
おか

ボウ
冒頭 모두　　　冒険 모험
ぼうとう　　　　ぼうけん

292 晶 293 暦 294 暫

292 晶

筆順: 丨 冂 日 日 日 晶 晶 晶 晶 晶

ショウ
結晶 결정
けっしょう

(맑을 정)

293 暦

筆順: 一 厂 厂 厂 厂 厂 厂 厤 厤 暦 暦 暦

こよみ
暦 달력
こよみ

レキ
還暦 환력/환갑 西暦 서력/서기
かんれき   せいれき

(책력 력) 暦
474 還

294 暫

筆順: 一 厂 币 币 亘 車 車 斬 斬 斬 斬 暫 暫

しばら-く
暫く 잠깐
しばら

ザン
暫定 잠정
ざんてい

(잠깐 잠)

298

(도둑 적) 賊

ゾク

海賊 해적
かいぞく

海賊版 해적판
かいぞくばん

299

(줄 사)

たまわ-る

賜る 내려 주시다/윗사람에게서 받다
たまわ

シ

300

(뺨 첩) 頰

ほお

頰 뺨
ほお

301 賭　**302** 頻　**303** 顕

301 賭

筆順: 丨 冂 冂 月 目 貝 貝 貝／ 貝＋ 貝± 貝± 賭 賭 賭 賭

かけ　か-ける

賭 (かけ) 내기　　　賭ける (か-) 내기를 하다

ト

(내기 도)

302 頻

筆順: 丨 ト 止 止 歩 歩 歩 歩／ 歩／ 頻 頻 頻 頻

ヒン

頻繁 (ひんぱん) 빈번　　　頻度 (ひんど) 빈도

(자주 빈)
399 繁

303 顕

筆順: 丨 冂 日 日 旦 旦 昌 昱 昱 昱 昱 顕 顕 顕

ケン

顕微鏡 (けんびきょう) 현미경　　　顕著 (けんちょ) 현저

(나타날 현) 顯
027 微
245 鏡

304 顧　305 霊　306 霧

304

顧　顧　一 ヿ ⊐ 尸 尸 戸 戸 屏
屏 屏 屏 雇 雇 雇 雇 顧 顧

かえり-みる
顧みる 돌아보다
かえり

コ
回顧 회고
かい こ

(돌아볼 고) 顧

305

霊　霊　一 亠 戸 币 币 币 币
雨 雨 雫 雫 霝 霝 霊

たま

レイ　**リョウ**

幽霊 유령　　　亡霊 망령
ゆうれい　　　　ぼうれい

(신령 령) 靈
628 幽

306

霧　霧　一 亠 戸 币 币 币 币
雫 雰 雰 雰 霧 霧 霧

きり
霧 안개
きり

ム

(안개 무)

온라인 테스트

235-306

아래 웹사이트에 접속하여 235~306의
한자를 복습하십시오.

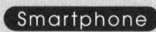 http://www.hedgroup.co.kr/JLPT/N1_Kanji/Chapter4.html

Smartphone

제 1 장

시험에 자주 나온다!

N1 한자

307-378

307 露

露 露
一 雨 雨 雨 雨 雨 雨
雷 雷 雷 霞 霞 露 露 露

つゆ
露 いし
つゆ

ロ ロウ
暴露 폭로
ばくろ

披露宴 피로연
ひろうえん

露出 노출
ろしゅつ

披露 피로
ひろう

露骨 노골
ろこつ

露呈 노정
ろてい

(이슬 로)
174 披
261 무
563 宴

308 如

如 如
く 夕 女 如 如 如

ジョ ニョ
欠如 결여
けつじょ

突如 돌여/갑자기
とつじょ

(같을 여)

309 妄

妄 妄
丶 亠 亡 亡 妄 妄

モウ ボウ
妄想 망상
もうそう

誇大妄想 과대망상
こだいもうそう

(망령될 망)
275 誇

310 妙 **311** 妥 **312** 妊

| 妙 | 妙 | く | タ | 女 | 如 | 刻 | 妙 | 妙 | **310** |

ミョウ

妙 묘하다
みょう

奇妙 기묘
きみょう

巧妙 교묘
こうみょう

微妙 미묘
びみょう

(묘할 묘)
027 微
213 巧
513 奇

| 妥 | 妥 | ′ | ′ | ′ | ′ | 乊 | 妥 | 妥 | **311** |

ダ

妥協 타협
だきょう

妥当 타당
だとう

妥結 타결
だけつ

(온당할 타)

| 妊 | 妊 | く | タ | 女 | 女′ | 妊 | 妊 | 妊 | **312** |

ニン

妊娠 임신
にんしん

妊婦 임부/임산부
にんぷ

(임신할 임)
313 娠

159

313 娠 314 妨 315 威

313 娠

娠 娠 | く 女 女 女' 娇 妒 娠 娠 娠

シン
妊娠 임신
にんしん

(아이 밸 신)
312 妊

314 妨

妨 妨 | く 女 女 女' 女' 妨 妨

さまた-げる
妨げる 방해하다
さまた

(방해할 방)

ボウ
妨害 방해   安眠妨害 안면방해
ぼうがい   あんみんぼうがい
妨害電波 방해전파
ぼうがいでんぱ

315 威

威 威 | ノ 厂 厂 厂 反 反 威 威 威

イ
権威 권위   威力 위력
けんい   いりょく
威張る 뽐내다
いば

(위엄 위)

316 衷 **317** 娯 **318** 婿

316

一 ア 亡 亡 吏 吏 吏 吏 衷

(속마음 충)

チュウ

折衷 절충
せっちゅう

和洋折衷 화양절충/일본식과 서양식의 절충
わ ようせっちゅう

317

く ㄠ 女 女' 如 如 娯 娯
娯 娯

(즐길 오) 娯

ゴ

娯楽 오락
ごらく

318

く ㄠ 女 女' 女ᄀ 如 如 妒
妒 妒 婿 婿

(사위 서) 壻

むこ

婿 사위
むこ

花婿 신랑
はなむこ

セイ

319 嫁 **320** 嬉 **321** 嬢

319

(시집갈 가) 嫁

嫁	嫁	く	夂	女	女'	女'	妒	妒
		妒	妒	嫁	嫁	嫁		

よめ　とつ-ぐ

嫁 며느리
よめ

花嫁 신부
はなよめ

カ

320

(아름다울 희)

嬉	嬉	く	夂	女	女+	女+	妒	妒	妒
		妒	妒	妒	嬉	嬉	嬉	嬉	

うれ-しい　たの-しむ　あそ-ぶ

嬉しい 기쁘다
うれ

キ

321

(아가씨 양) 孃

嬢	嬢	く	夂	女	女'	女'	妒	妒	妒
		妒	妒	嬢	嬢	嬢	嬢	嬢	

ジョウ

嬢 양/처녀
じょう

お嬢様 영애/따님/아가씨
じょうさま

お嬢さん 따님/아가씨
じょう

322

衰 衰 ｀ 亠 广 亠 亩 亩 亨 亨 亨 衰

(쇠할 쇠) 衰

おとろ-える
衰える 쇠하다
おとろ

スイ
老衰 노쇠
ろうすい

323

裂 裂 一 フ 歹 歹 歹| 列 列 烈 裂 裂 裂 裂

(찢을 렬) 裂

さ-く さ-ける
裂く 찢다   裂ける 찢어지다
さ   さ

レツ
破裂 파열   分裂 분열
はれつ   ぶんれつ

324

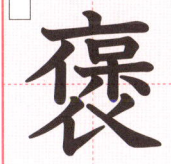

褒 褒 ｀ 亠 广 宀 疒 疒 疒 疒 疒 疒 痙 痙 褒 褒

(기릴 포) 褒

ほ-める
褒める 칭찬하다
ほ

ホウ
褒美 포상
ほうび

325 襲　326 禅　327 裕

325 襲 (엄습할 습)

襲	襲	亠	亠	立	产	咅	咅	育
		育	育	龍	龍	龍	龍	襲

518 撃

おそ-う
襲う 습격하다
おそ

シュウ
襲撃 습격
しゅうげき

326 禅 (선 선) 禪

禅	禅	丶	ゝ	ネ	ネ	ネ	ネ	ネ゛
ネ゛	ネ゛	ネ゛	ネ゛	禅				

ゼン
禅 선　　　　　座禅 좌선
ぜん　　　　　　ざぜん

327 裕 (넉넉할 유)

裕	裕	丶	ゝ	ネ	ネ	ネ	ネ゛	ネ゛
ネ゛	ネ゛	裕	裕					

ユウ
余裕 여유　　　　　裕福 유복
よゆう　　　　　　　ゆうふく

328 裸 **329** 裾 **330** 襟

328

(벗을 라)

裸 裸

` ﾌ ｱ ｲ ｽ ｽﾞ ｽﾞﾞ ｽﾞﾞﾞ
ｽﾞﾞﾞﾞ ｽﾞﾞﾞﾞﾞ 裡 裸 裸

はだか

裸 맨몸
はだか

ラ

☆ 裸足 맨발
　 はだし

329

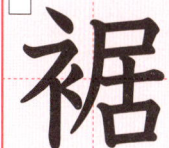

(자락 거)

裾 裾

` ﾌ ｱ ｲ ｽ ｽﾞ ｽﾞﾞ ｽﾞﾞﾞ
ｽﾞﾞﾞﾞ ｽﾞﾞﾞﾞﾞ 裙 裾 裾

すそ

裾 옷자락
すそ

330

(옷깃 금)

襟 襟

` ﾌ ｲ ｽ ｽﾞ ｽﾞﾞ ｽﾞﾞﾞ
ｽﾞﾞﾞﾞ ｽﾞﾞﾞﾞﾞ 襟 襟 襟 襟 襟

えり

襟 옷깃/목덜미
えり

キン

331 狂

(미칠 광)

′ ノ ィ ㇇ 犭 狂 狂 狂

くる-う くる-おしい
狂う 미치다
くる

キョウ
熱狂 열광
ねっきょう

332 狙

(원숭이 저)
(엿볼 저)

′ ノ ィ ㇇ 犭 犭 狙 狙

ねら-う
狙う 겨누다   狙い 표적
ねら   ねら

ソ

333 狩

(사냥할 수)

′ ノ ィ ㇇ 犭 犭' 犷 狩 狩

か-り か-る
狩り 사냥
か

シュ

334 猛 **335** 猶 **336** 猿

334 猛

猛 猛 ｜ ｀ ｊ ｊ ｊ˙ ｊ˛ ｊ˙ 犭 犴 狉 猛
猛 猛 猛

モウ

猛烈 맹렬
もうれつ

猛暑日 폭서일(최고 30℃이상인 날)
もうしょび

(사나울 맹)
478 烈

335 猶

猶 猶 ｜ ｀ ｊ ｊ ｊ˙ ｊ˛ ｊ˙ 犭 犭 狞 㹰
狞 猶 猶 猶

ユウ

猶予 유예
ゆうよ

(오히려 유) 猶

336 猿

猿 猿 ｜ ｀ ｊ ｊ ｊ˙ ｊ˛ ｊ˙ 犭 犴 犷 犾 狆
犴 狆 猿 猨 猿

さる

猿 원숭이
さる

猿も木から落ちる 원숭이도 나무에서 떨어진다
さる き お

エン

犬猿の仲 견원지간
けんえん なか

(원숭이 원)

337 獄　338 獲　339 牧

337

(옥 옥)

獄　獄

ゴク

地獄 지옥
じごく

338

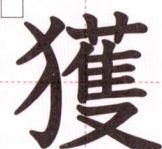

(얻을 획)

獲　獲

え-る

獲物 사냥감
えもの

カク

捕獲 포획　　獲得 획득
ほかく　　　　かくとく

339

(칠 목)

牧　牧

まき

ボク

遊牧 유목　　牧師 목사
ゆうぼく　　　ぼくし

牧場 목장　　牧畜 목축
ぼくじょう　　ぼくちく

340 犠 **341** 牲 **342** 殆

340

(희생 희) 犠
341 牲

| ╯ | ⺅ | ⺋ | ⺋⺊ | ⺋⺊ | ⺋⺊⺊ | ⺋⺊⺊ | ⺋⺊⺊ |
| 犠 | 犠 | 犠 | 犠 | 犠 | 犠 | 犠 | 犠 |

ギ

犠牲 희생　　　犠牲者 희생자
ぎ せい　　　　ぎ せいしゃ

犠牲的な 희생적인
ぎ せいてき

341

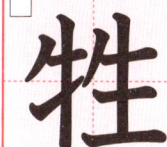

(희생 생)
340 犠

| ╯ | ⺅ | ⺋ | ⺋⺊ | ⺋⺊ | ⺋⺊⺊ | 牲 |
| 牲 |

セイ

犠牲 희생　　　犠牲者 희생자
ぎ せい　　　　ぎ せいしゃ

犠牲的な 희생적인
ぎ せいてき

342

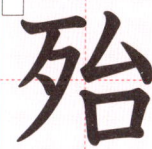

(거의 태)

| 一 | ア | 歹 | 歹 | 歹 | 殆 | 殆 |
| 殆 |

ほとん-ど　あや-うい　ほとほと

殆ど 대부분
ほとん

タイ

343 殊 344 殖 345 敏

343 殊 (다를 수)

一 ア ヌ 歹 歹 殀 殊 殊 殊

こと
殊に 특히

シュ
特殊 특수

344 殖 (불릴 식)

一 ア ヌ 歹 歹 歼 殖 殖 殖 殖 殖

ふ-やす / ふ-える
殖やす 늘리다　　殖える 늘어나다

ショク
繁殖 번식　　増殖 증식

399 繁

345 敏 (민첩할 민)

丿 ⺈ 匕 冇 毎 毎 敏 敏 敏

ビン
敏感 민감　　俊敏 준민(머리가 뛰어나고 재빠름)

665 俊

346 敢 **347** 敷 **348** 馳

346

敢 敢

一 丁 ェ 丆 乥 丟 耳 耳
耳 耳 酊 敢

あ-えて
敢えて 감히/굳이/구태여
あ

カン
勇敢 용감
ゆうかん

(감히 감)
(구태여 감)

347

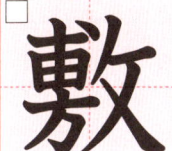

敷 敷

一 厂 斤 月 百 亩 車
車 專 專 專 敷 敷 敷

し-く
敷く 깔다/퍼지다
し

座敷 다다미방/객실
ざしき

風呂敷 보자기
ふろしき

屋敷 대지/저택
やしき

敷地 부지
しきち

敷金 보증금
しききん

フ

(펼 부) 敷
526 몸

348

馳 馳

一 厂 厂 厅 严 馬 馬 馬
馬 馬 馹 馹 馳

は-せる

チ ジ

御馳走 진수성찬/손님을 향음함
ごちそう

(달릴 치)

349 駆 350 駄 351 騰

349 駆

駆	駆	丨	「	｢	｢	｢	馬	馬	馬
馬	馬	馬ー	馬丿	駆又	駆				

(몰 구) 驅
763 逐

か-ける　**か**-る

駆ける 전속력으로 달리다/뛰다　　駆け足 뛰어감/구보

駆け引き 흥정

ク

駆使 구사　　　　　　　　駆除 구제

駆逐 구축

350 駄

駄	駄	丨	「	｢	｢	｢	馬	馬	馬
馬	馬	馬ー	馬丿	駄	駄				

(짐 타) 駄
471 遣

ダ

無駄 쓸데없음　　　　　　無駄遣い 낭비

下駄 나막신　　　　　　　駄作 졸작

駄目 소용없음/효과없음

351 騰

騰	騰	ノ	月	月	月´	月	月	月	朕
朕	朕	朕	騰	騰	騰	騰			

(오를 등) 騰

トウ

沸騰 비등　　　　　　　　高騰 고등

352 鯨 **353** 軌 **354** 輝

352

(고래 경)

鯨	鯨

ノ	ク	ク	甪	甬	魚	魚
魚`	魚	魚	魚	魚	魚	鯨

くじら
鯨 고래
くじら

ゲイ
捕鯨 포경
ほげい

353

(바퀴 자국 궤)

軌	軌

一	宀	冖	戸	目	旦	車	軌
軌							

キ
軌道 궤도
き どう

354

(빛날 휘)

輝	輝

丶	丷	丬	业	斗	光	光	光
光	光	光	光	光	煇	輝	

かがや-く
輝く 빛나다
かがや

キ

355 酔

酔 (취할 취) 醉
596 麻

よ-う
酔う (술에) 취하다　　酔っ払い 취객

スイ
麻酔 마취

356 酢

酢 (초 초)

す
酢 식초

サク

357 酬

酬 (갚을 수)

シュウ
報酬 보수

358 酪 **359** 酷 **360** 酵

358

酪

(쇠젖 락)
(쇠젖 낙)

酪	酪	一	厂	亓	丙	西	酉	酉'
酉^	酉冬	酉攵	酪	酪				

ラク

酪農 낙농
らくのう

359

酷

(심할 혹)

酷	酷	一	厂	亓	丙	西	酉	酉'
酉一	酉十	酉生	酉丿	酷	酷			

コク

残酷 잔혹
ざんこく

冷酷 냉혹
れいこく

過酷 과혹
かこく

360

酵

(삭힐 효)

酵	酵	一	厂	亓	丙	西	酉	酉一
酉十	酉耂	酉耂	酵	酵	酵			

コウ

発酵 발효
はっこう

酵素 효소
こうそ

酵母 효모
こうぼ

361 酸 **362** 醜 **363** 醬

361 酸

(실 산)
711 硫

酸 酸

一	厂	丆	丙	西	酉	酉'
酉厶	酉厶	酉㇒	酉⺈	酸	酸	

す-い
酸っぱい 시다
　す

サン
酸 산
　さん

酸化 산화
　さん か

酸性 산성
　さんせい

酸素 산소
　さん そ

硫酸 황산
　りゅうさん

362 醜

(추할 추)

醜 醜

一	厂	丆	丙	西	酉	酉'
酉⺈	酉甶	酉甶	酉甶	醜	醜	醜

みにく-い
醜い 보기 흉하다
　みにく

シュウ

363 醬

(장 장) 醤

醤 醬

丨	丬	爿	爿ˊ	爿ˊ	爿ˊ	爿ˊ
爿夕	爿夕	醬	醬	醬	醬	醬

ひしお　ししびしお

ショウ

醤油 간장
　しょう ゆ

364 飢 **365** 餓 **366** 飾

364

(주릴 기) 飢
365 餓

飢 飢 | ノ ハ ド 今 今 今 食 食 / 刍 飢

う-える
飢える 굶주리다 　　　飢え 굶주림

キ
飢饉 기근 　　　飢餓 기아

365

(주릴 아) 餓
364 飢

餓 餓 | ノ ハ ド 今 今 今 食 食 / 食 飠 飠 飠 餓 餓

ガ
飢餓 기아

366

(꾸밀 식) 飾

飾 飾 | ノ ハ ド 今 今 今 食 食 / 食 飠 飭 飾

かざ-る
飾る 장식하다 　　　着飾る 차려입다
飾り 장식 　　　首飾り 목걸이

ショク
修飾 수식 　　　装飾 장식

367 飽

(배부를 포) 飽

ノ 丶 ケ 今 今 令 食 食
食 飣 飣 飣 飽

あ-きる あ-かす
飽きる 싫증나다   飽くまで 끝내/끝까지/어디까지나

ホウ
飽和 포화
ほう わ

368 飼

(기를 사) 飼

ノ 丶 ケ 今 今 令 食 食
飣 飣 飣 飼 飼

か-う
飼う 기르다   飼い主 주인
か   か ぬし

シ
飼育 사육
し いく

369 餌

(미끼 이) 餌

ノ 丶 ケ 今 今 令 食 食
食 飣 飷 飷 餌 餌

えさ え
餌 모이/먹이
えさ

ジ

※ 「餌」と書かれる場合があります。

370 岐 371 岬 372 岳

| 岐 | 岐 | 丨 | 山 | 山 | 山 | 屿 | 岐 | 370 |

キ
多岐 다기

(갈림길 기)

| 岬 | 岬 | 丨 | 山 | 山 | 山 | 屿 | 岬 | 371 |

みさき
岬 곶

(곶 갑)

| 岳 | 岳 | 丿 | 丘 | 丘 | 岳 | 岳 | 372 |

たけ
ガク
山岳 산악

(큰 산 악)

373 峠 **374** 峡 **375** 峰

373

峠

(고개 상)

峠 峠

丨	山	山	山'	山⊦	山卜	峠
峠						

とうげ
峠 고개/산마루
とうげ

374

峡

(골짜기 협) 峽

峡 峡

丨	山	山	山-	山-	山-	峡
峡						

キョウ
海峡 해협
かいきょう

375

峰

(봉우리 봉) 峯

峰 峰

丨	山	山	山⺈	峌	峌	峰
峌	峰					

みね
峰 봉우리
みね

ホウ

376 崇 **377** 崩 **378** 崖

崇 崇 ｜ 丶 ⺍ 屮 中 岩 岸 岩
崇 崇 崇

スウ
崇拝 숭배
すうはい
崇高 숭고
すうこう

(높을 숭)

崩 崩 ｜ 丶 ⺍ 屮 厂 庁 肖 肖
崩 崩 崩

くず-す くず-れる
崩す 무너뜨리다
くず
崩れる 무너지다
くず

ホウ
崩壊 붕괴
ほうかい

☆ 雪崩 눈사태
なだれ

(무너질 붕)

崖 崖 ｜ 丶 ⺍ 屮 厂 庁 岸 崖
崖 崖 崖

がけ
崖 낭떠러지
がけ

ガイ

(언덕 애)

온라인 테스트

307-378

아래 웹사이트에 접속하여 307~378의
한자를 복습하십시오.

PC http://www.hedgroup.co.kr/JLPT/N1_Kanji/Chapter5.html

Smartphone

제 1 장

시험에 자주 나온다!

N1 한자
379-450

379 嵐 380 紀 381 紛

379 嵐
(남기 람)

嵐 嵐

| ` | 山 | 山 | 产 | 芦 | 芦 | 芦 | 嵐 |
| 嵐 | 嵐 | 嵐 | 嵐 | | | | |

あらし
嵐 폭풍
あらし

380 紀
(벼리 기)

紀 紀

| ` | 幺 | 幺 | 糸 | 糸 | 糸 | 糸 | 紀 |
| 紀 | | | | | | | |

キ
世紀 세기
せいき

381 紛
(어지러울 분) 紛
746 糾

紛 紛

| ` | 幺 | 幺 | 糸 | 糸 | 糸 | 糸 | 紛 |
| 紛 | 紛 | | | | | | |

まぎ-れる **まぎ-らわしい** **まぎ-らわす** **まぎ-らす**

紛れる 헷갈리다　　　　　紛らわしい 혼동하기 쉽다
まぎ　　　　　　　　　　　まぎ

気紛れ 변덕
きまぐ

フン

紛失 분실　　　　　　　　紛争 분쟁
ふんしつ　　　　　　　　ふんそう

国際紛争 국제분쟁　　　　紛糾 분규
こくさいふんそう　　　　ふんきゅう

382 紡 **383** 索 **384** 紐

ノ	纟	幺	糸	糸	糸	糸'	紡
紡	紡						

(길쌈 방)

つむ-ぐ
紡ぐ (실을) 뽑다/잣다
つむ

ボウ
紡績 방적
ぼうせき

一	十	宀	宀	宷	宷	宷	索
索	索						

(찾을 색)

サク
捜索 수색　　　模索 모색
そうさく　　　 もさく
探索 탐색　　　索引 색인
たんさく　　　 さくいん

ノ	纟	幺	糸	糸	糸	紉	紐
紐	紐						

(맺을 뉴)
(맺을 유)

ひも
紐 끈
ひも

チュウ　ジュウ

385 紳 386 紺 387 紫

385 紳

紳 紳 | ⟨ 幺 幺 糸 糸 糹 糺
紿 細 紳 |

シン

紳士 신사
しんし

紳士服 신사복
しんしふく

(큰 띠 신)

386 紺

紺 紺 | ⟨ 幺 幺 糸 糸 糹 糺
紺 紺 紺 |

コン

紺 감색
こん

紺色 감색
こんいろ

(감색 감)

387 紫

紫 紫 | ⼁ ⼘ ⼚ ⽌ ⽐ ⽐ 毕
紫 紫 紫 紫 |

むらさき

紫 보라색
むらさき

紫色 보라색
むらさきいろ

シ

紫外線 자외선
しがいせん

(자줏빛 자)

388 絞 **389** 絹 **390** 維

388 絞

絞 絞 | ｀ ㄣ ㄠ 乡 糸 糸 糽
絣 絞 紋 絞

(목맬 교)

しぼ-る し-める し-まる
絞る 짜다
しぼ

コウ

389 絹

絹 絹 | ｀ ㄣ ㄠ 乡 糸 糸 糽
絹 絹 絹 絹 絹

(비단 견)

きぬ
絹 비단   絹糸 견사/명주실
きぬ   きぬいと

ケン
絹糸 견사/명주실
けんし

390 維

維 維 | ｀ ㄣ ㄠ 乡 糸 糸 糸
糸' 糸 糸 絆 維 維

(벼리 유)
400 繊

イ
繊維 섬유   維持 유지
せんい   いじ

391 綱

綱 綱 | ⼄ ⼚ ⼡ ⼳ ⼻ 糸 糽 紀
紀 紀 網 網 網 綱

つな
綱 밧줄
つな

コウ

横綱 요코즈나(최고 등급의 스모 선수)
よこづな

(벼리 강)

392 網

網 網 | ⼄ ⼚ ⼡ ⼳ ⼻ 糸 糽 紀
紀 紀 網 網 網 網

あみ
網 그물
あみ

モウ
網羅 망라
もう ら

(그물 망)
618 羅

393 縄

縄 縄 | ⼄ ⼚ ⼡ ⼳ ⼻ 糸 糽 紀
紀 絅 絅 絹 絹 縄

なわ
縄 줄
なわ

ジョウ

(노끈 승) 繩

394 縁 **395** 緯 **396** 縫

394

(인연 연) 縁

縁 縁

｀	ٰ	纟	纟	糸	糸	紀	糺
紆	紆	紆	終	縁	縁	縁	

ふち
縁 가장자리
ふち

エン
縁 인연
えん

縁側 툇마루/물고기의 지느러미 살
えんがわ

縁談 연담/혼담
えんだん

縁故 연고
えんこ

縁結び 결연/결혼
えんむす

血縁 혈연
けつえん

395

緯 緯

｀	ٰ	纟	纟	糸	糸	糺	紆
紆	紆	緯	緯	緯	緯	緯	

イ
経緯 경위
けい い

緯度 위도
い ど

(씨 위)

396

(꿰멜 봉) 縫

縫 縫

｀	ٰ	纟	纟	糸	糸	糺	紆
終	絡	絡	縫	縫	縫	縫	

ぬ-う
縫う 꿰메다
ぬ

ホウ
裁縫 재봉
さいほう

397 縛 **398** 縦 **399** 繁

397 縛

く	纟	幺	糸	糸	糸	紀
紀	紀	絅	縛	縛	縛	縛

(얽을 박)

しば-る
縛る 묶다
しば

バク
束縛 속박
そくばく

398 縦

く	纟	幺	糸	糸	糸	紀
糸	紆	紆	絆	絆	縦	縦

(세로 종) 縦

たて
縦 세로　　首を縦に振る 고개를 끄덕이다
たて　　　　くび たて ふ

ジュウ
操縦 조종　　操縦士 조종사
そうじゅう　　そうじゅうし

399 繁

ノ	一	仁	乍	毎	毎	毎
敏	敏	敏	繁	繁	繁	繁

(번성할 번) 繁

302 頻
344 殖
578 華

ハン
頻繁 빈번　　繁栄 번영
ひんぱん　　　はんえい

繁盛 번성　　繁殖 번식
はんじょう　　はんしょく

繁華街 번화가
はんかがい

400 纖 **401** 繕 **402** 矢

400

纖 纖 纖
｜ ｚ ｚ ｔ 糸 糸' 糸"
糸T 糸T 糸T 糸₣ 糸₣ 纖 纖 纖

セン
化纖 화섬　　　纖維 섬유
か せん　　　　　せん い

纖細 섬세
せんさい

(가늘 섬) 纖
390 維

401

繕 繕 繕
｜ ｚ ｔ 糸 糸' 糸" 糸"'
糸₣ 糸𦈢 糸𦈢 繕 繕 繕 繕

つくろ-う
繕う 고치다
つくろ

ゼン
修繕 수선
しゅうぜん

(기울 선)

402

矢 矢
′ ⸜ 二 チ 矢

や
矢 화살　　　　矢印 화살표
や　　　　　　や じるし

矢先 ~하려는 참/마침 그 때　　弓矢 궁시/활과 화살
やさき　　　　　　　　　　　ゆみや

シ

(화살 시)
409 弓

403 矯 (바로잡을 교)

矯 矯

ノ	ト	ヒ	矢	矢'	矢'	矢'	矢夭
矢关	矯	矯	矯	矯	矯	矯	矯

た-める
キョウ

矯正 교정
きょうせい

404 蚊 (모기 문)

蚊 蚊

丶	冂	口	中	虫	虫	虫'	虫亡
虻	蚊						

か

蚊 모기
か

405 蛇 (긴 뱀 사)

蛇 蛇

丶	冂	口	中	虫	虫	虫'	虫'
虫亡	蛇	蛇					

へび

蛇 뱀
へび

ジャ ダ

蛇口 수도꼭지
じゃぐち

406 蛍　407 蛋　408 融

		丶	⺌	⺌	⺌	艹	岩	岩	406
蛍	蛍	常	営	蛍					

ほたる
蛍 반딧불이
ほたる

(반딧불이 형) 螢

ケイ
蛍光灯 형광등
けいこうとう

		一	丆	丆	亞	疋	卫	呑	407
蛋	蛋	呑	蛋	蛋					

たまご　えびす　あま

タン
蛋白質 단백질
たんぱくしつ

(새알 단)

		一	丆	丏	曱	戸	肙	肙	408
融	融	肙	肙	肙	肙	肙	融	融	

ユウ

金融 금융
きんゆう

融通 융통
ゆうずう

融資 융자
ゆうし

融合 융합
ゆうごう

(녹을 융)

 409 弓 410 弦 411 弧

409 弓

弓 弓 ｜ ｀ ゛ 弓

ゆみ
弓 활
ゆみ

弓矢 궁시/활과 화살
ゆみ や

キュウ

(활 궁)
402 矢

410 弦

弦 弦 ｜ ｀ ゛ 弓 弓' 弘 弦 弦

つる

ゲン
弦楽器 현악기
げんがっき

(활시위 현)

411 弧

弧 弧 ｜ ｀ ゛ 弓 弓' 弘 弧 弧 弧

コ
括弧 괄호
かっこ

(활 호)
176 括

412 於　413 旋　414 旗

412 於

、 一 方 方 か か 於 於

(어조사 어)

お-いて　お-ける
於いて ~에서/~에 있어서

オ

413 旋

、 一 方 方 か か 扩
於 旋 旋

(돌 선)

セン
斡旋 알선
あっせん

414 旗

旗 旗

、 一 方 方 か か 扩
ガ斤 ガ斤 ガ斤 游 旗 旗

(기 기)

はた
旗 기/깃발

キ
国旗 국기
こっき

415 舶 416 艦 417 聖

415

舶 舶

' ｢ 亻 𠂇 冂 盾 舟 舟'
舩 舩 舶

ハク

船舶 선박
せんぱく

(배 박)

416

艦 艦

舟 刖 舮 舮 舮 舮
舮 舮 艦 艦 艦 艦 艦

カン

軍艦 군함
ぐんかん

戰艦 전함
せんかん

艦艇 함정
かんてい

(큰 배 함)

753 艇

417

聖 聖

一 丆 F F 王 耳 耴
耴 耵 聖 聖 聖

セイ

神聖 신성
しんせい

聖書 성서/성경
せいしょ

(성인 성) 聖

418 聴 **419** 彩 **420** 彫

418 聴

聴 聴 | 一 ｢ F E 耳 耳 耵 耶 耶 耶 聴 聴 聴 聴

(들을 청) 聴

き-く
聴く (귀기울여) 듣다

チョウ
視聴率 시청률
視聴者 시청자
聴講 청강
聴覚 청각
聴診器 청진기

419 彩

彩 彩 | 一 ⺈ ⺈ ⺝ ⺥ 平 乎 采 彩 彩 彩

(채색 채)

いろど-る
彩る 색칠하다/화장하다

サイ
色彩 색채
多彩 다채

420 彫

彫 彫 | ノ 刀 月 円 円 周 周 周 彫 彫

(새길 조)
/04 塑

ほ-る
彫る 새기다

チョウ
彫刻 조각
彫塑 조소

421 彰 **422** 刈 **423** 刑

421 彰

(드러날 창)

彰	彰	丶	亠	듀	굯	立	产	音	音
		音	音	章	章	彰	彰		

ショウ

表彰 표창
ひょうしょう

表彰状 표창장
ひょうしょうじょう

422 刈

(벨 예)

刈	刈	ノ	メ	刈	刈				

か-る

刈る 베다/깎다
か

423 刑

(형벌 형)

617 罰
793 囚

刑	刑	一	二	于	开	刑	刑		

ケイ

刑 형/형벌
けい

刑罰 형벌
けいばつ

刑期 형기
けいき

死刑囚 사형수
しけいしゅう

死刑 사형
しけい

刑事 형사
けいじ

刑務所 형무소
けいむしょ

424 剃 **425** 剤 **426** 剣

424 剃 (머리털 깎을 체)

剃 剃 ｀ ゛ ⺍ ⺌ 弟 弟 弟 剃

そ-る
剃る 깎다
そ

テイ
☆ 剃刀 면도칼
　かみそり

638 刀

425 剤 (약제 제) 劑

剤 剤 ｀ 亠 ナ 文 斉 斉 斉 斉
斉 剤

ザイ
洗剤　세제　　　　　薬剤師　약사
せんざい　　　　　　やくざいし

426 剣 (칼 검) 劍

剣 剣 ノ 人 ⺈ ⼊ 合 合 刍 刍
剣 剣

つるぎ
剣 양날검
つるぎ

ケン
真剣　진검/진지　　　剣道　검도
しんけん　　　　　　けんどう

427 剖 **428** 剰 **429** 創

427

(쪼갤 부)

剖 剖
丶 亠 ナ 产 立 产 咅 咅 咅 剖

ボウ
解剖 해부
かいぼう

428

(남을 잉) 剰

剰 剰
一 二 三 三 手 垂 垂 乗 剰 剰

ジョウ
過剰 과잉
か じょう

意識過剰 의식과잉
い しき か じょう

自信過剰 자신과잉
じ しん か じょう

429

(비롯할 창)

創 創
ノ 人 ク 今 今 今 今 倉 倉 倉 創 創

つく-る

ソウ

独創 독창
どくそう

創造 창조
そうぞう

創立 창립
そうりつ

創刊 창간
そうかん

創作 창작
そうさく

創立者 창립자
そうりつしゃ

433 励　434 勘　435 瓦

433 励

一 厂 厂 厉 励 励 励

はげ-む　はげ-ます

励む 힘쓰다　　励ます 격려하다

(힘쓸 려) 勵
515 奨

レイ

激励 격려　　奨励 장려

434 勘

一 十 廿 廿 甘 甘 其 其
甚 勘 勘

カン

勘違い 착각

(헤아릴 감)

435 瓦

一 丆 㔾 瓦 瓦

かわら

瓦 기와

(기와 와)

ガ

煉瓦 연와/벽돌

436 瓶 **437** 貢 **438** 献

436

(병 병) 瓶

筆順: 瓶 瓶 ` ゛ ﾂ ニ 并 并 并 瓶 瓶 瓶

ビン

瓶 병
びん

瓶詰め 병조림/병에 담음
びんづめ

花瓶 화병/꽃병
かびん

437

(바칠 공) 貢
438 献

筆順: 貢 貢 一 T ェ 〒 チ 丟 青 青 貢 貢

みつ-ぐ

コウ　ク

貢献 공헌
こうけん

社会貢献 사회공헌
しゃかいこうけん

貢献度 공헌도
こうけんど

438

(드릴 헌) 獻
437 貢

筆順: 献 献 一 十 广 卢 卢 卢 南 南 南 献 献 献

ケン　コン

貢献 공헌
こうけん

社会貢献 사회공헌
しゃかいこうけん

文献 문헌
ぶんけん

貢献度 공헌도
こうけんど

献立 메뉴/식단
こんだて

439 獣 **440** 隻 **441** 雅

439 獣 (짐승 수) 獸

筆順: 丶 ⺍ ⺍ ⺍ 丷 ⺍ ⺍ 単 単 単 単 単 獣 獣 獣

けもの
獣(けもの) 짐승

ジュウ
怪獣(かいじゅう) 괴수

440 隻 (외짝 척)

筆順: ノ イ イ 仁 什 伅 隹 隹 隻 隻

セキ
隻(せき) 척

441 雅 (맑을 아)

筆順: 一 ㄷ 工 チ 牙 牙' 牙' 牙' 牙' 牙' 牙' 雅 雅

ガ
優雅(ゆうが) 우아

442 雄 443 雌 444 翼

雄	雄	一 ナ ナ ナ ナ' ナ' ナ'
		ナ' ナ' 雄 雄

おす お
雄 수컷
おす

ユウ
英雄 영웅
えいゆう

(수컷 웅)

雌	雌	丨 卜 卜 止 止 此 此
		此' 此' 此' 此' 雌 雌

めす め
雌 암컷
めす

シ

(암컷 자)

翼	翼	フ コ ヨ ヨ ヨ ヨヨ ヨヨ
		羽 羽 翌 翌 翼 翼 翼

つばさ
翼 날개
つばさ

ヨク

(날개 익) 翼

445 翻

ノ	⺥	⺤	平	乎	来	釆
乎	釆	番	番	翻	翻	翻

ひるがえ-る　ひるがえ-す

翻る 뒤집히다　　翻す 뒤집다
ひるがえ　　　　　ひるがえ

(번역할 번) 飜

ホン

翻訳 번역
ほんやく

446 殴

一	フ	又	区	区	区⺈	区⺂	殴

なぐ-る

殴る 때리다
なぐ

(때릴 구) 毆

オウ

447 殻

一	十	士	声	声	壳	壳
壳⺈	殻	殻				

から

殻 껍질/껍데기　　貝殻 패각/조개 껍데기
から　　　　　　　かいがら

(껍질 각) 殼

カク

448 又 **449** 致 **450** 鼓

448 又 (또 우)

又 又 / フ 又

また
又 또
_{また}

449 致 (이를 치)

致 致 / 一 エ 云 至 至 到 纹 / 致 致

いた-す
致す 하다 (겸사어)
_{いた}

チ
合致 합치   一致 일치
_{がっち}   _{いっち}

致命的 치명적
_{ちめいてき}

450 鼓 (북 고)

鼓 鼓 / 一 十 士 壴 吉 吉 吉 / 壴 壴 壴 鼓 鼓

つづみ

コ
太鼓 북   鼓膜 고막
_{たいこ} _{こまく}

152 膜

온라인 테스트

379-450

아래 웹사이트에 접속하여 379~450의 한자를 복습하십시오.

`PC` http://www.hedgroup.co.kr/JLPT/N1_Kanji/Chapter6.html

`Smartphone`

제1장

시험에 자주 나온다!

N1 한자
451-522

451 斜　**452** 辱　**453** 耐

451 斜 (비낄 사)

筆順: ノ 八 ㄨ 亠 乎 弇 余 余 糸 糸一 斜

なな-め
斜め なな 경사/비스듬함
斜め後ろ なな うし 비스듬히 뒤

シャ
傾斜 けいしゃ 경사
斜面 しゃめん 사면/경사면

452 辱 (욕될 욕)

筆順: 一 厂 厂 戶 启 辰 辰 辰 辱 辱

はずかし-める
辱める はずかし 욕보이다/창피를 주다

ジョク
侮辱 ぶじょく 모욕

453 耐 (견딜 내)

765 忍

筆順: 一 丁 厂 厅 而 而 而 耐 耐

た-える
耐える た 견디다

タイ
耐熱 たいねつ 내열
耐久性 たいきゅうせい 내구성
忍耐 にんたい 인내

454 寿

一 ニ 三 ヲ 夫 寿 寿

ことぶき

ジュ

長寿 장수
ちょうじゅ

寿命 수명
じゅみょう

平均寿命 평균수명
へいきんじゅみょう

(목숨 수) 壽

455 尋

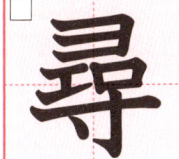

コ ヨ ヨ ヨ ヨ ヨ ヨ ヨ
ヨ ヨ 尋 尋

たず-ねる

尋ねる 찾다
たず

ジン

(찾을 심) 尋

456 鬼

丿 ⺈ 白 甶 甶 甶 鬼
鬼 鬼

おに

鬼 귀신
おに

キ

(귀신 귀)

457 魂
(넋 혼)

筆順: 一 二 テ 云 云' 云' 云' 云'
魂 魂 魂 魂 魂

たましい
魂 혼

コン

458 魅
(매혹할 매)

筆順: ' '' 亻 白 由 甶 鬼
鬼 鬼 鬼 鬼 魅 魅 魅

ミ
魅力 매력
みりょく

魅力的 매력적
みりょくてき

459 魔
(마귀 마)

筆順: ' 一 广 广 广 广 广
庐 庐 麻 磨 磨 魔 魔

マ
邪魔 방해
じゃま

悪魔 악마
あくま

113 邪

460 巡 **461** 迅 **462** 迫

460

(돌 순) 巡

巡 巡 | 〈 《 巛 巛 巡 巡

めぐ-る **まわ-る**
巡る 돌다/순회하다
めぐ
名所巡り 명소 순례
めいしょめぐ

お巡りさん 순경
まわ

ジュン
巡査 순경/순사
じゅんさ

461

(빠를 신) 迅

迅 迅 | 乁 乁 卂 卂 迅 迅

ジン
迅速 신속
じんそく

462

(핍박할 박) 迫
132 脅

迫 迫 | ノ 亻 冖 白 白 迫 迫 迫

せま-る
迫る 다가오다/육박하다
せま

ハク
圧迫 압박
あっぱく

迫害 박해
はくがい

脅迫 협박
きょうはく

213

463 逮 **464** 這 **465** 逸

463 逮

逮 逮 | 一 フ ヨ 圭 圭 圭 圭 隶
逮 逮 逮

タイ
逮捕 체포
たいほ

(잡을 체) 逮

464 這

這 這 | 丶 亠 言 言 言 言 言
這 這

は-う **こ-の** **これ**
這う 기다
は

(이 저) 這

シャ

465 逸

逸 逸 | ノ ク ⺈ 叀 争 免 免 免
逸 逸 逸

そ-らす **そ-れる**
逸らす (다른 곳으로)돌리다/피하다/놓치다
そ

(편안할 일) 逸
147 脱

イツ
逸脱 일탈   逸材 일재
いつだつ   いっさい

466 遇 **467 遂** **468 遍**

(만날 우) 遇
469 遭

ヽ	口	曰	日	尸	吊	禺	禺
禺	禺	遇	遇				

グウ
境遇 경우/처지/형편
きょうぐう

遭遇 조우
そうぐう

待遇 대우
たいぐう

(드디어 수) 遂

ヽ	ソ	丷	丷	芏	芏	芏
豕	豕	遂	遂			

と-げる **つい-に**
遂げる 이루다
と

遂に 드디어/마침내
つい

やり遂げる 완수하다
と

スイ
遂行 수행
すいこう

(두루 편) 遍

一	㇇	ヨ	戶	戶	肙	肩	肩
扁	徧	遍	遍				

ヘン
遍 번/회/횟수
へん

通り一遍な 의례적인
とお いっぺん

普遍 보편
ふへん

469 遭 **470** 遮 **471** 遣

469

(만날 조) 遭
466 遇

遭 遭

| 一 | 厂 | 戸 | 市 | 両 | 亜 | 曲 | 曹 |
| 曹 | 曹 | 曹 | 曹 | 遭 | 遭 | | |

あ-う
遭う 당하다/겪다
あ

ソウ
遭難 조난　　　　遭遇 조우
そうなん　　　　　そうぐう

470

(가릴 차) 遮

遮 遮

| ヽ | 亠 | 广 | 户 | 庁 | 庐 | 庐 | 庐 |
| 庐 | 庶 | 庶 | 庶 | 遮 | 遮 | | |

さえぎ-る
遮る 가리다/막다
さえぎ

シャ
遮断 차단
しゃだん

471

(보낼 견) 遣
350 駄

遣 遣

| ヽ | 口 | 口 | 中 | 虫 | 串 | 肯 |
| 肯 | 肯 | 肯 | 谱 | 遣 | | |

つか-う　や-る　つか-わす
気を遣う 배려하다
き　つか

無駄遣い 낭비　　　仮名遣い 가나 표기법
む　だ　つか　　　　　か　な　づか

遣る 주다
や

ケン
派遣 파견
は　けん

472 遺 **473** 遷 **474** 還

472

(남길 유) 遺
212 憾

遺 遺

丶	一	口	中	虫	卑	肯	肯
肯	肯	貴	貴	潰	潰	遺	

イ ユイ

遺跡 유적
いせき

遺伝子 유전자
いでんし

遺産相続 유산상속
いさんそうぞく

遺伝 유전
いでん

遺憾 유감
いかん

世界遺産 세계유산
せかいいさん

473

(옮길 천) 遷

遷 遷

一	一	冂	襾	襾	西	要
要	粟	悪	墨	署	遷	遷

セン

変遷 변천
へんせん

474

(돌아올 환) 還
293 暦

還 還

丶	冂	冂	罒	四	甼	睪
罒	粟	嬰	景	睘	環	還

カン

返還 반환
へんかん

還暦 환력/환갑
かんれき

還元 환원
かんげん

475 廷 476 赴 477 為

475 廷 (조정 정)

廷 廷 ノ 二 千 壬 廷 廷 廷

テイ
法廷 법정
ほうてい

476 赴 (다다를 부)

赴 赴 一 十 土 キ キ 走 走 赴 赴

おもむ-く
赴く 향하여 가다/동의하다/따르다
おもむ

フ
赴任 부임
ふにん

単身赴任 단신 부임
たんしん ふ にん

477 為 (할 위) 爲

為 為 丶 ノ ㇌ ㇌ 为 为 為 為 為

ため
為 위함/때문/이유
ため

イ
行為 행위　　迷惑行為 귀찮게 하는 행위
こう い　　　　めいわくこう い

☆ 為替レート 환율
かわせ

478 烈　**479** 煮　**480** 黙

478

一	ア	ブ	タ	列	列	列	列
烈	烈						

レツ

強烈 강렬
きょうれつ

猛烈 맹렬
もうれつ

(매울 렬)
334 猛

479

一	十	土	耂	耂	者	者
者	者	煮	煮			

に-る　**に-える**　**に-やす**

煮る 삶다
に

煮える 삶아지다
に

(삶을 자) 煮

シャ

480

丶	冂	日	日	甲	甲	里	里
里	黑	黙	黙	黙	黙	黙	

だま-る

黙る 말을 하지 않다/묵언하다
だま

(잠잠할 묵) 黙
778 寡

モク

沈黙 침묵
ちんもく

寡黙 과묵
かもく

481 忌 482 忠 483 怠

481 忌

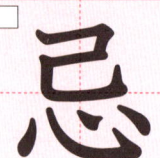

筆順: 一 コ 己 己 忌 忌 忌

い-まわしい　い-む
忌まわしい 흉하다
いまわ

キ

(꺼릴 기)

482 忠

筆順: 丶 口 口 中 中 忠 忠 忠

チュウ
忠告 충고　　　　　忠実 충실
ちゅうこく　　　　　ちゅうじつ

(충성 충)

483 怠

筆順: 厶 厶 乍 台 台 台 怠 怠 怠

おこた-る　なま-ける
怠る 게으름 피우다　　怠ける 게으름 피우다
おこた　　　　　　　なま

タイ
怠慢 태만　　　　　怠惰 나태/태만
たいまん　　　　　たいだ

(게으를 태)
208 慢
700 惰

484 恩 485 悠 486 愁

484 恩 (은혜 은)

筆順: 丨 冂 冂 円 内 因 因 恩 恩 恩

オン

- 恩 (おん) 은혜
- 恩恵 (おんけい) 은혜
- 恩師 (おんし) 은사
- 恩赦 (おんしゃ) 은사/특별 사면

758 赦

485 悠 (멀 유)

筆順: 丿 亻 亻 攸 攸 攸 攸 悠 悠 悠

ユウ

- 悠々 (ゆうゆう) 유유

486 愁 (근심 수)

筆順: 一 二 千 千 禾 利 秒 秋 秋 愁 愁 愁

シュウ

- 郷愁 (きょうしゅう) 향수

118 郷

221

487 慶　**488** 慮　**489** 憂

487

(경사 경)

慶　慶

丶　亠　广　户　户　户　庐　庐　庐　廌　廌　廐　慶

よろこ-び
慶び 기쁨을 축하하는 일/경사
よろこ

ケイ
慶事 경사
けい じ

488

(생각할 려)
(사실할 록)

慮　慮

丶　亠　广　广　户　户　庐　虍　虍　庐　庐　慮　慮

リョ
熟慮 숙려/숙고
じゅくりょ

配慮 배려
はいりょ

遠慮 원려/사양
えんりょ

考慮 고려
こうりょ

489

(근심 우)

憂　憂

一　ア　ア　丙　丙　百　百　亘　頁　悪　悪　慐　憂　憂

うれ-える　うれ-い　う-い
憂える 걱정하다/근심하다
うれ

憂い 괴롭다/고통스럽다
う

憂い 근심/걱정
うれ

ユウ
憂うつ 우울
ゆう

490 慰 **491** 憩 **492** 憲

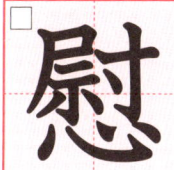

慰 慰 | ｀ コ ア ア 尸 尽 尽 尽
尿 尉 尉 尉 慰 慰 慰

なぐさ-める　なぐさ-む
慰める 위로하다
なぐさ

イ

(위로할 위)

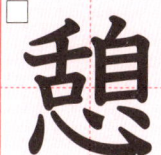

憩 憩 | ′ ニ チ 千 舌 舌 舌′ 乱
舌九 舌九 舌九 舌九 舌九 憩 憩 憩

いこ-い　いこ-う
憩い 휴식　　　　　　　憩う 휴식하다
いこ　　　　　　　　　いこ

ケイ
休憩 휴식/휴게
きゅうけい

(쉴 게)

憲 憲 | ` ハ 宀 宀 中 宔 宔 害
害 害 害 害 害 憲 憲 憲

ケン
憲法 헌법
けんぽう

(법 헌)

493 懲 **494** 懸 **495** 貫

493

懲 懲

| ノ | ク | イ | 彳 | 彳 | 彳 | 彳 |
| 彳 | 律 | 律 | 律 | 徴 | 徴 | 徴 | 懲 |

こ-りる　こ-らす　こ-らしめる

懲りる 질리다　　　　　　　　懲らす 응징하다

(징계할 징) 懲　　**チョウ**

494

懸 懸

| 丨 | 冂 | 冃 | 目 | 目 | 目 | 目 |
| 県 | 県 | 県 | 県 | 県 | 県 | 懸 |

か-ける　か-かる

ケン　ケ

懸賞 현상　　　　　　　　懸命 열심히 함
けんしょう　　　　　　　　けんめい

一生懸命 매우 열심히 함
いっしょうけんめい

(달 현)

495

貫 貫

| ∟ | 口 | 皿 | 毌 | 毌 | 毌 | 胃 |
| 冒 | 貫 | 貫 | | | | |

つらぬ-く

貫く 관철하다/관통하다
つらぬ

(꿸 관) 貫　　**カン**

貫録 관록　　　　　　　　貫禄 관록
かんろく　　　　　　　　かんろく

※일반적으로「**貫禄**」을 주로 사용하며 신문 등에서「**貫録**」은 대용어로 사용한다.

224

			フ	カ	カ	カロ	加	智	智	**496**
	賀	賀	智	智	賀	賀				

(하례할 하)

ガ

祝賀 축하　　　　　　　年賀 연하
しゅく が　　　　　　　　　　ねん が

年賀状 연하장
ねん が じょう

			丨	冂	冂	月	目	貝	貝	**497**
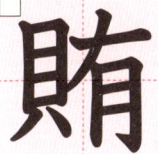	賄	賄	貝	財	賄	賄	賄			

まかな-う

賄う 공급하다/조달하다
まかな

(재물 회)

(뇌물 회)

ワイ

賄賂 회뢰/뇌물
わい ろ

			丨	冂	冂	月	目	貝	貝	**498**
	賑	賑	貝	貝	貯	賑	賑	賑		

にぎ-わう　**にぎ-やか**

賑わう 활기차다　　　　　賑やか 활기참
にぎ　　　　　　　　　　　　にぎ

(구휼할 진)

シン

499 賦 **500** 賠 **501** 貰

499 賦

賦 賦
丨 冂 冃 月 目 貝 貝
貯 貯 貯 貯 貯 賦 賦

フ
月賦 월부
げっぷ

(부세 부)

500 賠

賠 賠
丨 冂 冃 月 目 貝 貝'
貯 貯 貯 貯 貯 賠 賠

バイ
賠償 배상
ばいしょう

損害賠償 손해배상
そんがいばいしょう

賠償金 배상금
ばいしょうきん

(물어줄 배)
023 償

501 貰

貰 貰
一 十 卅 卅 世 世 芇 芇
旹 旹 貰 貰

もら-う **か-りる** **ゆる-す**
貰う 받다
もら

(세낼 세)
セイ

502 盆　**503** 盟　**504** 監

502

(동이 분) 盆
087 栽

盆	盆	ノ	八	介	分	分	兯	盆
盆								

ボン

盆 쟁반
ぼん

盆栽 분재
ぼんさい

盆地 분지
ぼんち

503

(맹세 맹)

盟	盟	1	П	Ħ	日	日)	明	明	明
明	明	明	盟	盟					

メイ

同盟 동맹
どうめい

連盟 연맹
れんめい

504

(볼 감)
160 督

監	監	1	厂	厂	臣	臣	臣	臣
臣−	臣−	臣π	卧	監	監	監			

カン

監督 감독
かんとく

監視 감시
かんし

227

505 盤 506 卓 507 卑

505 盤

盤 盤 ノ 丨 力 カ カ 舟 舟 凢
舟殳 般 般 般 般 盤 盤

バン

基盤 기반 　　　碁盤 바둑판
きばん　　　　　　ごばん

地盤 지반 　　　算盤 주판
じばん　　　　　　そろばん

(소반 반)
251 碁

506 卓

卓 卓 丶 卜 冘 占 占 卢 卓

タク

食卓 식탁 　　　電卓 전자 계산기
しょくたく　　　　でんたく

(높을 탁)

507 卑

卑 卑 ノ 丨 白 甶 甶 甶 甶 卑
卑

いや-しい　いや-しむ　いや-しめる

卑しい 천하다
いや

(낮을 비) 卑

ヒ

卑怯 비겁
ひきょう

508 甲 **509** 里 **510** 竜

508

甲 　 甲甲 　 丶 冂 冃 日 甲

コウ　カン

甲 갑　　　　　　　甲乙 갑을
こう　　　　　　　こうおつ

☆ 生き甲斐 살아가는 이유/삶의 보람
　 いがい

（갑옷 갑）
653 乙

509

里 　 里里 　 丶 冂 冃 日 甲 甲 里

さと

古里 고향
ふるさと

リ

郷里 향리/고향
きょうり

（마을 리）
118 郷

510

竜 　 竜竜 　 丶 亠 ナ 立 产 产 音 音 竜

たつ

竜巻 회오리
たつまき

リュウ

（용 룡）龍

511 奉 **512** 奏 **513** 奇

511 奉 (받들 봉)

奉 奉

一 二 三 声 夫 表 表 奉

たてまつ-る
奉る 바치다
たてまつ

ホウ ブ
奉仕 봉사
ほう し

512 奏 (아뢸 주)

奏 奏
奏

一 二 三 声 夫 表 表 奏

かな-でる

ソウ
吹奏 취주
すい そう
演奏 연주
えん そう

513 奇 (기특할 기)
310 妙

奇 奇

一 ナ 大 太 仒 奇 奇 奇

キ
奇数 기수/홀수   奇妙 기묘
き すう   き みょう
奇跡 기적   好奇心 호기심
き せき   こう き しん
怪奇現象 괴기현상
かい き げんしょう

514 爽　**515** 奨　**516** 奪

514

爽　爽

一	ア	亣	亣	爻	爽	爽
爽	爽	爽				

(시원할 상)

さわ-やか
爽やか　상쾌한/산뜻한
さわ

ソウ
爽快　상쾌
そうかい

515

奨　奨

丨	丬	丬	㸯	扩	㹞	㹞
将	将	獎	奨	奨		

(장려할 장) 奬
433 励

ショウ
奨励　장려　　　　　　　奨学金　장학금
しょうれい　　　　　　　しょうがくきん

516

奪　奪

一	ナ	大	大	衣	衣	奞
奞	奞	奪	奪	奪	奪	

(빼앗을 탈)

うば-う
奪う　빼앗다　　　　　　奪い合う　쟁탈하다
うば　　　　　　　　　　うば　あ

ダツ
略奪　약탈
りゃくだつ

517 奮

筆順: 一 ナ 六 六 木 衣 本 本 本 奮 奮 奮 奮 奮 奮

ふる-う
フン

(떨칠 분)
547 闘

興奮 こうふん 흥분
奮闘 ふんとう 분투

518 撃

筆順: 一 ┌ 百 百 盲 豆 車 軋 軋 軫 軼 墼 撃 撃

う-つ
撃つ う 발포하다/공격하다

ゲキ

(칠 격) 撃
030 衝
325 襲

襲撃 しゅうげき 습격
衝撃 しょうげき 충격
打撃 だげき 타격
反撃 はんげき 반격
攻撃 こうげき 공격
目撃 もくげき 목격
目撃者 もくげきしゃ 목격자

519 摩

筆順: 丶 亠 广 广 庁 庐 庐 庐 麻 麻 摩 摩 摩

マ

摩擦 まさつ 마찰
摩天楼 まてんろう 마천루

(문지를 마) 摩
197 擦
679 楼

520 弁 **521** 弊 **522** 幣

520

(고깔 변)
023 償

| 弁 | 弁 | ㇒ | ㇑ | ニ | 千 | 弁 | | |

ベン

弁明 변명
べんめい

弁解 변해/변명
べんかい

弁当 도시락
べんとう

代弁 대변
だいべん

弁償 변상
べんしょう

弁護士 변호사
べんごし

521

(폐단 폐) 弊

| 弊 | 弊 | ㇒ | ㇑ | ㇙ | ㇓ | 尚 | 尚 | 尚 |
| 㡀 | 㡀 | 㡀 | 敞 | 敞 | 弊 | 弊 | | |

ヘイ

弊社 폐사
へいしゃ

弊害 폐해
へいがい

522

(화폐 폐) 幣

| 幣 | 幣 | ㇒ | ㇑ | ㇙ | ㇓ | 尚 | 尚 | 尚 |
| 㡀 | 㡀 | 㡀 | 敞 | 敞 | 幣 | 幣 | | |

ヘイ

貨幣 화폐
かへい

紙幣 지폐
しへい

233

온라인 테스트

451-522

아래 웹사이트에 접속하여 451~522의
한자를 복습하십시오.

PC http://www.hedgroup.co.kr/JLPT/N1_Kanji/Chapter7.html

Smartphone

제 1 장

시험에 자주 나온다!

N1 한자
523-594

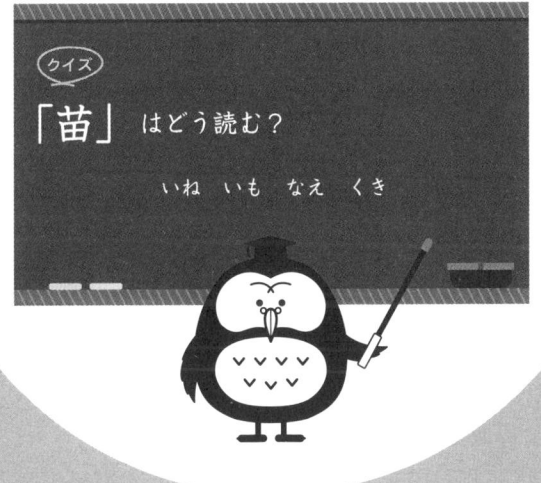

523 麗　524 吉　525 吊

523 麗 (고울 려)

一　厂　厂　厂　严　严　严　严　严　严　严　严　麗

うるわ-しい
麗しい　아름답다/곱다
うるわ

レイ
綺麗　예쁨/깨끗함
き れい

524 吉 (길할 길)

一　十　士　吉　吉　吉

キツ　キチ
不吉　불길　　　　　　　吉報　길보/희소식
ふきつ　　　　　　　　　　きっぽう

525 吊 (이를 적)

丶　口　口　尸　吊　吊

つ-る　つ-るす
吊る　달다　　　　　　　吊るす　매달다/달아매다
つ　　　　　　　　　　　つ

吊り革　손잡이
つ かわ

チョウ

526 呂 **527** 哀 **528** 啓

526 呂

| ` | 丨 | ㅁ | ㅁ | ㅁ | 吕 | 呂 | |

呂 呂

ロ

お風呂 목욕
ふろ

風呂場 목욕탕/욕실
ふろば

風呂敷 보자기
ふろしき

(성씨 려)
347 敷

527 哀

| ` | 亠 | 宀 | 宁 | 亩 | 亨 | 亨 | 哀 |
| 哀 | | | | | | | |

哀 哀

あわ-れ あわ-れむ

哀れ 불쌍함
あわ

アイ

喜怒哀楽 희노애락
きどあいらく

(슬플 애)

528 啓

| ー | ㄱ | ㅋ | 戸 | 戸 | 戸 | 所 | 啓 |
| 啓 | 啓 | 啓 | | | | | |

啓 啓

ケイ

拝啓 근계
はいけい

啓発 계발
けいはつ

(열 계) 啓

529 喪 530 吐 531 吠

529 喪 (잃을 상)

一 十 十 冇 冇 冇 冇 虛 虛 虛 喪

も
喪 상
喪服 상복

ソウ
喪失 상실
自信喪失 자신상실

530 吐 (토할 토)

丨 口 口 口- 吐 吐

は-く
吐く 토하다/뱉다
吐き気 구역질

ト

531 吠 (짖을 폐)

丨 口 口 口- 叶 吠 吠

ほ-える
吠える 짖다

ハイ バイ

532 咳

咳 (기침 해)

咳 咳 咳

| ノ | 口 | 口 | 口' | 口宀 | 咳 | 咳 | 咳 |

- せき　せ-く　しわぶき　しわぶ-く
  - 咳(せき) 기침
  - 咳(せ)く 기침하다
  - 咳(しわぶき) 기침

- ガイ　カイ

533 唱

唱 (부를 창)

唱 唱 唱 唱 唱

| ノ | 口 | 口 | 口⺆ | 叩 | 呷 | 呷 | 呷 |

- とな-える
  - 唱(とな)える 소리내어 읽다/외치다

- ショウ
  - 合唱(がっしょう) 합창
  - 暗唱(あんしょう) 암송/암창
  - 提唱(ていしょう) 제창

534 喉

喉 (목구멍 후)

喉 喉 喉 喉 喉 喉

| ノ | 口 | 口 | 口' | 口⼍ | 呼 | 呼 | 呼 | 呼 | 喉 |

- のど
  - 喉(のど) 인후/목구멍

- コウ

535 喧　**536** 嘩　**537** 嘆

535 喧

| 丶 | 冖 | 口 | 口' | 口'' | 㕸 | 咉 | 喧 |
| 啨 | 喧 | 喧 | 喧 | | | | |

かまびす-しい　やかま-しい
喧しい 시끄럽다　　喧しい 시끄럽다
かまびす　　　　　　やかま

ケン
喧嘩 다툼
けん か

(지껄일 훤)
536 嘩

536 嘩

| 丶 | 冖 | 口 | 口一 | 口十 | 口卄 | 口廾 | 哞 |
| 哞 | 哞 | 哞 | 嘩 | 嘩 | | | |

かまびす-しい
嘩しい 시끄럽다
かまびす

カ
喧嘩 다툼
けん か

(시끄러울 화) 譁
535 喧

537 嘆

| 丶 | 冖 | 口 | 口一 | 口卄 | 口廿 | 口卄 | 嘆 |
| 嘆 | 嘆 | 嘆 | 嘆 | 嘆 | | | |

なげ-く　なげ-かわしい
嘆く 한탄하다
なげ

タン

(탄식할 탄) 嘆

538 噂 **539** 噴 **540** 噌

538 噂

(이야기할 준) 噂

| ヽ | 口 | 口 | 口′ | 口ハ | 口广 | 口쓔 |
| 口쓔 | 口卉 | 口尚 | 口尊 | 噂 | 噂 | |

うわさ
噂 소문
うわさ

ソン

539 噴

(뿜을 분)

| ヽ | 口 | 口 | 口ー | 口+ | 口± | 口± |
| 口± | 口± | 口± | 口噴 | 噴 | 噴 | 噴 |

ふ-く
噴く 뿜어 나오다/내뿜다
ふ

フン
噴出 분출
ふんしゅつ

噴火 분화
ふんか

噴水 분수
ふんすい

540 噌

(웅성거릴 쟁) 噌
 汁

| ヽ | 口 | 口 | 口′ | 口ハ | 口ハ | 口ハ | 口ハ |
| 口ハ | 口尚 | 口兮 | 口尚 | 口兯 | 噌 | 噌 | |

かまびす-しい

ソ ソウ

味噌 된장　　　　　　味噌汁 된장국
みそ　　　　　　　　　みそしる

※「噌」로 쓰여지는 경우가 있습니다.

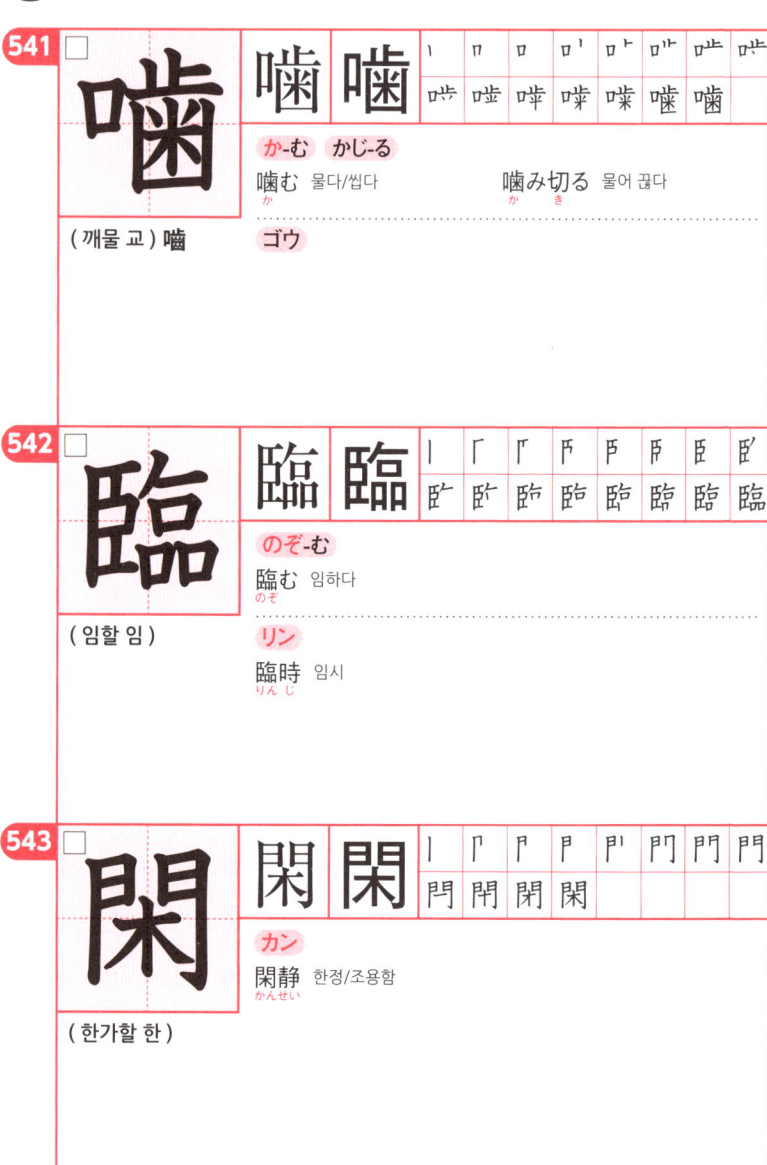

544 閣 **545** 閲 **546** 闇

544

閣 (집 각)

閣 閣

丨	冂	冂	冃	冃'	門	門	門
門	閂	閃	閃	閣	閣		

カク

内閣 내각
ないかく

内閣総理大臣 내각총리대신
ないかくそうりだいじん

545

閲 (볼 열) 閱
(셀 열)

閲 閲

丨	冂	冂	冃	冃'	門	門	門
門	門	閂	閂	閅	閲	閲	

エツ

閲覧 열람
えつらん

546

闇 (숨을 암)

闇 闇

丨	冂	冂	冃	冃'	門	門	門
門	門	閅	閅	閳	閽	闇	闇

やみ

闇 어둠
やみ

夕闇 땅거미
ゆうやみ

無闇 무모함
むやみ

243

547 闘 **548** 泰 **549** 慕

547 闘

(싸울 투) 鬪
517 奮

闘	闘	丨	｢	｢	｢	｢	門	門
		門	門	門	門	鬥	鬪	闘

たたか-う
トウ

戦闘 전투　　　　　　　　奮闘 분투
せんとう　　　　　　　　　ふんとう

健闘 건투
けんとう

548 泰

(클 태)

泰	泰	一	二	三	声	夫	表	泰
		泰	泰					

タイ

安泰 안태
あんたい

549 慕

(그릴 모)

慕	慕	一	艹	艹	艹	苎	苜	莒
		苢	莫	菒	菒	慕	慕	

した-う

慕う 뒤를 쫓다/연모하다　　　慕われる 존경받다
した　　　　　　　　　　　　した

ボ

550 免 **551** 克 **552** 尚

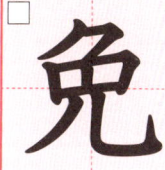

(면할 면)
688 罷

| 免 | 免 | ノ | ク | ケ | 冎 | 冎 | 缶 | 免 | **550** |

まぬが-れる
免れる 면하다
まぬが

メン
御免 미안　　　　　　　罷免 파면
ごめん　　　　　　　　ひめん

免税 면세　　　　　　　免許 면허
めんぜい　　　　　　　めんきょ

運転免許証 운전면허증　　免除 면제
うんてんめんきょしょう　　めんじょ

克

(이길 극)

| 克 | 克 | 一 | 十 | 古 | 古 | 古 | 声 | 克 | **551** |

コク
克服 극복　　　　　　　克明 극명
こくふく　　　　　　　こくめい

(오히려 상) 尙

| 尚 | 尚 | ' | '' | ''' | 冖 | 冋 | 尚 | 尚 | 尚 | **552** |

なお
尚 오히려/또한
なお

ショウ
高尚 고상
こうしょう

553 巣 554 掌 555 兼

553 巣 (새집 소) 巣

巣	巣	`	´	⸍⸍	⸍⸍⸍	⸍⸍⸍	肖	当
単	単	巣						

す
巣 둥지/보금자리

ソウ

---

554 掌 (손바닥 장)

掌	掌	`	´	⸍⸍	⸍⸍⸍	当	当	当
学	堂	堂	掌					

てのひら
掌 손바닥

ショウ
車掌 차장

---

555 兼 (겸할 겸) 兼

兼	兼	`	´	⸍⸍	⸍⸍⸍	当	羊	兼
兼	兼							

か-ねる
兼ねる 겸하다　　　　　　　気兼ね 사양/스스러움

ケン
兼業 겸업　　　　　　　　　兼用 겸용

556 冠 **557** 冗 **558** 宜

556

(갓 관)

冠冠冠

かんむり
冠 관/벼슬/감투
かんむり

カン
栄冠 영관
えいかん

557

(쓸데없을 용)

冗冗

ジョウ
冗談 농담
じょうだん

558

(마땅 의)

宜宜

よろ-しい
宜しく 적절히/적당히
よろ

ギ
適宜 적의/적당
てき ぎ

便宜 편의
べん ぎ

559 宛 **560** 宗 **561** 宣

559 宛 (완연할 완)

宛 宛 　`、 ｀ ｳ ｳ ｳ ｳ 宛`

あ-てる　あて

宛てる 앞으로 보내다　　　　　宛 ~앞
あ　　　　　　　　　　　　　あて

宛名 수신인
あて な

560 宗 (마루 종)

宗 宗 　`、 ｀ ｳ ｳ ｳ 宇 宗 宗`

ソウ　シュウ

宗 근본/기초　　　　　　　　宗教 종교
そう　　　　　　　　　　　 しゅうきょう

561 宣 (베풀 선)

宣 宣 　`、 ｀ ｳ ｳ ｳ 宁 宵 宣`
宣

セン

宣教 선교　　　　　　　　　宣言 선언
せんきょう　　　　　　　　　せんげん

宣伝 선전
せんでん

562 宮 **563** 宴 **564** 寛

(집궁)

宮	宮	`	′′	宀	宀	宁	宮	宮	宮	**562**
宮	宮									

みや
宮 궁   　　　　　　　　お宮 신사
みや　　　　　　　　　　　　みや

キュウ　グウ　ク
宮殿 궁전
きゅうでん

(잔치 연)

174 披
307 露

宴	宴	`	′′	宀	宀	宁	宁	宇	宴	**563**
宴	宴									

エン
宴会 연회
えんかい

披露宴 피로연
ひろうえん

(너그러울 관) 寬

寛	寛	`	′′	宀	宀	宵	宵	宵	宵	**564**
宵	宵	寉	寛	寛						

カン
寛容 관용   　　　　　　　　寛大 관대
かんよう　　　　　　　　　　かんだい

249

565 審 566 寮 567 窒

565 審 (살필 심)

シン

- 不審 ふしん 불심
- 審査 しんさ 심사
- 審判 しんぱん 심판
- 不審者 ふしんしゃ 불심자/수상한 사람
- 審議 しんぎ 심의

566 寮 (동관 료)

リョウ

- 寮 りょう 기숙사

567 窒 (막힐 질)

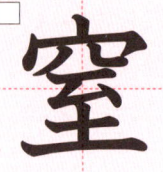

チツ

- 窒息 ちっそく 질식

568 窮 **569** 芝 **570** 芯

568

窮 窮 窮 ｀ 丶 宀 宀 宀 宀 宀
窮 窮 窮 窮 窮 窮 窮

(다할 궁)

612 屈

きわ-める　きわ-まる
窮める 극하다/끝까지 가다/더없이~하다
きわ

キュウ
窮屈 거북함/갑갑함/궁색　　窮乏 궁핍
きゅうくつ　　　　　　　　　きゅうぼう

569

芝 芝 一 十 艹 艹 芝 芝

(지초 지)

しば
芝 잔디　　　　　　芝生 잔디밭
しば　　　　　　　　しばふ

芝居 연극/연기
しばい

570

芯 芯 一 十 艹 艹 芯 芯 芯

(골풀 심)

シン
芯 심
しん

571 芳 572 茂 573 芽

571 芳 (꽃다울 방)

一 十 艹 艹 艹 芳 芳

かんば-しい

芳しい 향기롭다/재미있다　　芳しくない 시원찮다/불미스럽다
かんば　　　　　　　　　　　　かんば

ホウ

572 茂 (무성할 무)

一 十 艹 艹 产 芹 芹 茂 茂

しげ-る

茂る 초목이 무성하다
しげ

モ

573 芽 (싹 아)

一 十 艹 艹 艹 芒 芽 芽

め

芽 싹
め

ガ

発芽 발아
はつ が

574 茎 **575** 苗 **576** 荘

574
茎 (줄기 경) 莖

茎 茎

くき
茎 줄기

ケイ

575
苗 (모 묘)

苗 苗

なえ　なわ
苗 모종

ミョウ　ビョウ
苗字 성씨

576
荘 (엄할 장) 莊

荘 荘

ソウ
別荘 별장

577 茹 **578** 華 **579** 菌

577 茹

一 艹 艹 艹 艹 艹 茹 茹 茹

ゆ-でる　う-だる　く-う　な　くさ-る
茹でる 데치다
ゆ

ジョ　ニョ

(먹을 여)

578 華

一 艹 艹 艹 艹 艹 艹 莘 華

はな
華やか 화려함　　　華々しい 눈부시다
はな　　　　　　　　はなばな

カ
豪華 호화　　　繁華街 번화가
ごう か　　　　はん か がい

(빛날 화)
399 繁
595 豪

579 菌

一 艹 艹 艹 艹 艹 菌 菌 菌

キン
菌 균　　　　　　殺菌 살균
きん　　　　　　　さっきん

細菌 세균　　　　ばい菌 병균/미균
さいきん　　　　　　きん

(버섯 균)

580 葬 **581** 蓋 **582** 蒔

		一	十	艹	艹	芦	芥	莽
葬	葬 葬	莽	莽	葬	葬			

580

ほうむ-る
葬る 매장하다
ほうむ

ソウ
葬式 장례식
そうしき

(장사 지낼 장)

		一	十	艹	艹	艹	苹	莘	莘
蓋	蓋 蓋	莕	菩	葐	蕃	蓋			

581

ふた
蓋 뚜껑
ふた

ガイ カイ

(덮을 개)

		一	十	艹	艹	艹	甘	甘
蒔	蒔 蒔	荁	荁	萨	蒔	蒔		

582

ま-く う-える
蒔く 뿌리다/파종하다
ま

シ ジ

(모종 낼 시)

583 薦 584 蘇 585 笛

583 薦 (천거할 천)

薦 薦

一 艹 艹 艹 芦 芦 芦 芦 芦 芦 薦 薦 薦 薦

すす-める
セン

推薦 추천 学校推薦 학교추천
すいせん がっこうすいせん

推薦状 추천장
すいせんじょう

推薦入試 추천입시
すいせんにゅうし

584 蘇 (되살아날 소)

蘇 蘇

一 艹 艹 艹 艹 芍 芍 芍 芍 苼 萨 蘇 蘇 蘇

よみがえ-る

蘇る 되살아나다/거듭나다
よみがえ

ソ ス

585 笛 (피리 적)

笛 笛

丿 ⺮ ⺮ ⺮ ⺮ ⺮ 竹 笻 笛 笛

ふえ

笛 피리
ふえ

テキ

586 筈 **587** 箇 **588** 箸

586

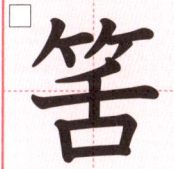

(오늬 괄)

はず / やはず
手筈 준비/계획
てはず

カツ

587

(낱 개)

カ
箇条書き 조목별 쓰기(목록)
かじょうが
箇月 개월
かげつ

箇所 개소/장소
かしょ

588

(젓가락 저)

はし
箸 젓가락
はし

589 簿 **590** 玄 **591** 斉

589 簿
(문서부)

筆順: ノ 一 十 十 竹 竹 竹 竹 竹 笁 筲 篥 溥 溥 簿 簿

ボ
名簿 명부   家計簿 가계부

590 玄
(검을 현)

筆順: 丶 一 十 玄 玄

ゲン
玄関 현관

☆ 玄人 현인

591 斉
(가지런할 제) 齊

筆順: 丶 一 十 文 产 产 斉 斉

セイ
一斉 일제

592 斎 **593** 享 **594** 亭

斎 斎 ｀ 亠 ナ 文 斉 斉 斉 斉
斉 斎 斎

(재계할 재) 齋

サイ

書斎 서재
しょさい

享 享 ｀ 亠 亠 亠 古 亨 亨 享

(누릴 향)

キョウ

享受 향수/받아들여 누림
きょうじゅ

亭 亭 ｀ 亠 亠 亠 古 古 亭 亭
亭

(정자 정)

テイ

亭主 남편　　　　　亭主関白 폭군같은 남편
ていしゅ　　　　　　ていしゅかんぱく

※関白은 천황을 보좌하여 정부를 총관리하던 직책

온라인 테스트

523-594

아래 웹사이트에 접속하여 523~594의 한자를 복습하십시오.

 http://www.hedgroup.co.kr/JLPT/N1_Kanji/Chapter8.html

Smartphone

제1장

시험에 자주 나온다!

N1 한자
595-660

595 豪

豪 豪 　 ｀ 亠 宀 亡 壴 声 高
亭 亭 亭 亭 豪

ゴウ

富豪 부호
ふごう

豪邸 대저택
ごうてい

ゲリラ豪雨 게릴라 호우
ごうう

豪華 호화
ごうか

集中豪雨 집중호우
しゅうちゅうごうう

(호걸 호) 豪
111 邸
578 華

596 麻

麻 麻 　 ｀ 亠 广 广 斤 庁 床 庁
府 麻 麻

あさ

麻 마
あさ

マ

麻酔 마취
ますい

麻痺 마비
まひ

(삼 마) 麻
355 酔

597 庶

庶 庶 　 ｀ 亠 广 庁 庁 庁 庐 庐
庶 庶 庶

ショ

庶民 서민
しょみん

庶務 서무
しょむ

(여러 서)

(사랑채 랑) 廊

廊 廊 ｜ 丶 亠 广 广 庁 庐 庐 庐 ｜ 庐 庐 廊 廊

ロウ

廊下 복도
ろう か

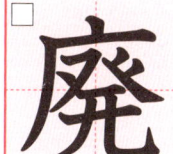

(폐할 폐) 廢

廃 廃 ｜ 丶 亠 广 广 庁 庐 庆 庆 ｜ 庆 庞 廃 廃

すた-れる　すた-る

廃れる 소용없게 되다　　　廃る 쇠퇴하다
すた　　　　　　　　　　　すた

ハイ

荒廃 황폐　　　　　　　廃棄 폐기
こうはい　　　　　　　　はい き

廃止 폐지
はい し

(설사 리)

痢 痢 ｜ 丶 亠 广 广 庁 庐 庁 疒 ｜ 疒 疠 痢 痢

リ

下痢 설사　　　　　　　赤痢 적리(이질 병)
げ り　　　　　　　　　せき り

601 愚 **602** 痴 **603** 癖

601 愚

| ノ | 口 | 曰 | 甲 | 日 | 禺 | 禺 |
| 禺 | 禺 | 愚 | 愚 | 愚 | | |

おろ-か
愚か 어리석음
おろ

グ

(어리석을 우)

602 痴

愚痴 푸념
ぐち

愚痴る 구시렁대다/푸념하다
ぐち

602 痴

| 丶 | 亠 | 广 | 疒 | 疒 | 疒 | 疒 |
| 疒 | 痄 | 病 | 痴 | 痴 | | |

チ

愚痴 푸념
ぐち

愚痴る 구시렁대다/푸념하다
ぐち

(어리석을 치) 癡

601 愚

603 癖

| 亠 | 广 | 疒 | 疒 | 疒 | 疒 | 疒 |
| 疖 | 疖 | 癖 | 癖 | 癖 | 癖 | 癖 |

くせ
癖 버릇
くせ

(버릇 벽)

ヘキ

604 癒 **605** 虚 **606** 虐

604

癒 癒 | 亠 广 广 疒 疒 产 产 疠
疠 疠 疠 疠 疠 瘀 瘀 癒

い-やす　い-える
癒やす 달래다　　　　癒やし 치유
いい

(병 나을 유) 癒

ユ
治癒 치유
ち ゆ

605

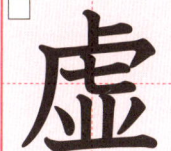

虚 虚 | 丨 卜 𠂆 庀 庀 虍 虍 虚
虚 虚 虚

うつ-ろ　むな-しい
虚ろ 속이 텅 빔/얼빠진 모양　　虚しい 허무하다
うつ　　　　　　　　　　　　　　　　　　 むな

(빌 허) 虚

キョ　コ
謙虚 겸허　　　　　　　空虚な 공허한
けんきょ　　　　　　　　　　 くうきょ

606

虐 虐 | 丨 卜 𠂆 庀 庀 虍 虍 虐
虐

しいた-げる
虐げる 학대하다
しいた

(모질 학) 虐

ギャク
虐殺 학살　　　　　　　虐待 학대
ぎゃくさつ　　　　　　　　　ぎゃくたい

607 虜 **608** 尻 **609** 尽

607 虜

虜 虜 ｜ ｜ 广 广 广 虍 虐
虐 虐 虏 虜 虜

リョ
捕虜(ほりょ) 포로

(사로잡을 로) 虜

608 尻

尻 尻 ｜ ｜ 尸 尸 尻

しり
尻(しり) 엉덩이

(꽁무니 고)

609 尽

尽 尽 ｜ ｜ 尸 尺 尺 尽

つ-くる　つ-きる　つ-かす
尽くす(つ) 다하다　　埋め尽くす(う　つ) 가득 채우다
尽きる(つ) 다하다　　至れり尽くせり(いた　つ) 극진함/더없이 좋음

ジン

(다할 진) 盡

610 尾 **611** 尿 **612** 屈

610 尾 (꼬리 미)

尾 尾 　 ㄱ ㄱ 尸 尸 尸 尾 尾

お
尾 꼬리
お

ビ

611 尿 (오줌 뇨)

尿 尿 　 ㄱ ㄱ 尸 尸 尸 尿 尿

ニョウ
尿 소변
にょう

し尿 시뇨/배설물
にょう

612 屈 (굽힐 굴)
568 窮

屈 屈 　 ㄱ ㄱ 尸 尸 屈 屈 屈 屈

クツ
窮屈 거북함/갑갑함/궁색
きゅうくつ

へ理屈 억지 이론
りくつ

屈折 굴절
くっせつ

理屈 도리/이치
りくつ

退屈 지루함
たいくつ

613 履 **614** 房 **615** 扇

613 履 (밟을 리)

一 コ ア ア ア ア ア
严 屈 屈 屈 屈 屋 履

は-く
履く 신다
は

リ
草履 짚신 履歴書 이력서
ぞうり りれきしょ

614 房 (방 방) 房

一 コ ヨ 戸 戸 戸 戶 房

ふさ

ボウ
文房具 문방구 女房 아내
ぶんぼうぐ にょうぼう

冷房 냉방 暖房 난방
れいぼう だんぼう

615 扇 (부채 선) 扇

一 コ ヨ 戸 戸 戸 戶 扇
扇 扇

あお-ぐ **おうぎ**
扇ぐ 부채질하다
あお

セン
扇子 접부채 扇風機 선풍기
せんす せんぷうき

☆ 団扇 부채
うちわ

616 扉 **617** 罰 **618** 羅

616

扉 扉
| 一 | 二 | ヨ | 戸 | 戸 | 戸 | 戸 | 扉 |
| 扉 | 扉 | 扉 | 扉 | | | | |

とびら
扉 문
とびら

ヒ

(사립문 비) 扉

617

罰 罰
| 丶 | 一 | 一 | 一 | 一 | 一 | 一 | 一 |
| 罒 | 罒 | 罒 | 言 | 言 | 罰 | 罰 | |

バツ バチ

罰 벌
ばつ

罰する 벌하다
ばっ

刑罰 형벌
けいばつ

処罰 처벌
しょばつ

(벌할 벌)
423 刑

618

羅 羅
| 丶 | 一 | 一 | 一 | 一 | 一 | 一 | 一 |
| 罒 | 罒 | 罒 | 罒 | 羅 | 羅 | 羅 | 羅 |

ラ

網羅 망라
もうら

(벌일 라)
(그물 라)
392 網

619 衆 **620** 雰 **621** 霞

619 衆 (무리 중) 衆

衆 衆
ノ 亠 宀 血 血 血 血 宙 宙 宙 衆

シュウ　シュ

衆 무리
しゅう

大衆 대중
たいしゅう

衆議院 중의원
しゅう ぎ いん

観衆 관중
かんしゅう

公衆 공중
こうしゅう

620 雰 (눈 날릴 분)

雰 雰
一 厂 戸 币 币 币 雨 雰 雰 雰 雰

フン

雰囲気 분위기
ふん い き

621 霞 (노을 하)

霞 霞
一 厂 戸 币 币 币 雨 雰 雰 雰 雰 雰 霞

かす-む　かすみ

霞む 안개가 끼다
かす

カ

622 霜 **623** 覆 **624** 戒

622

霜 霜

一 丆 丙 丙 乭 乭 乭 乭 乭 乭 乭 乭 乭 霜 霜

しも
霜 서리
しも

ソウ

(서리 상)

623

覆 覆

一 丆 丙 丙 乭 乭 乭 严 严 严 覀 覂 覆 覆 覆

くつがえ-す　おお-う　くつがえ-る

覆す 뒤집다
くつがえ

覆う 덮다
おお

フク

覆面 복면
ふくめん

(다시 복)
(덮을 부)

624

戒 戒

一 二 于 开 戓 戒 戒

いまし-める

戒める 훈계하다
いまし

カイ

警戒 경계
けいかい

(경계할 계)

625 或 **626** 戚 **627** 戯

625 或 (혹 혹)

或 或 | 一 ノ 戸 戸 戸 或 或 或

あ-る　ある-いは
或る 어떤

ワク

626 戚 (친척 척)

戚 戚 | ノ 厂 厂 厂 斤 斤 床 戚 戚 戚

セキ
親戚 친척

627 戯 (희롱할 희) 戲

戯 戯 | 丶 ト ト 广 戸 卢 虍 虍 虎 虚 虚 虚 戱 戯 戯

ギ
戯曲 희곡

628 幽 **629** 幾 **630** 凡

幽	幽	丨	丬	纟	纠	刹	刹	幽
		幽						

ユウ

幽霊 유령
ゆうれい

(그윽할 유)

305 霊

幾	幾	亻	幺	幺	幺丶	幺幺	幺幺	幺幺丶
		幺幺	幾	幾	幾			

いく

幾 몇　　　　　　　幾多 수많이
いく　　　　　　　　いくた

幾分 어느 정도　　幾つ 몇 개
いくぶん　　　　　いく

幾ら 얼마
いく

キ

(몇 기)

凡	凡	ノ	几	凡	

ボン **ハン**

平凡 평범
へいぼん

非凡 비범
ひぼん

☆ 大凡 대략
　　おおよそ

(무릇 범)

631 凶

凶 凶 ノ メ 凶 凶

キョウ
凶作 흉작
きょうさく

(흉할 흉)

632 凹

凹 凹 ㄱ ㄱ 凵 凹 凹

オウ
凹凸 요철
おうとつ

(오목할 요)
☆ 凸凹 울퉁불퉁
てこぼこ

633 凸

633 凸

凸 凸 ㅡ ㅣ 凸 凸 凸

トツ
凹凸 요철
おうとつ

(볼록할 철)
☆ 凸凹 울퉁불퉁
てこぼこ

632 凹

634 匠 **635** 匿 **636** 圏

634
匠

匠 匠

一 ｢ ｢ ｢ 斤 匠

ショウ

巨匠 거장
きょしょう

(장인 장)

635
匿

匿 匿

一 ﹁ ﹁ 平 平 匣 若 若 匿

トク

匿名 익명
とくめい

匿名希望 익명희망
とくめい きぼう

(숨길 닉)

636
圏

圏 圏

丨 冂 冂 門 門 罔 罔 罔 罔 圏 圏

ケン

圏 권/일정 범위
けん

首都圏 수도권
しゅ と けん

(우리 권) 圏

 637 厄 638 刀 639 刃

637 厄 (액 액)

厄 厄 | 一 厂 厄 厄

ヤク
厄介 성가심
やっかい

638 刀 (칼 도)
424 剃

刀 刀 | フ 刀

かたな
刀 칼
かたな

トウ
☆ 剃刀 면도칼
かみそり

639 刃 (칼날 인) 刃

刃 刃 | フ 刀 刃

は
刃 칼날
は

刃物 날붙이/칼
はもの

ジン

640 匂 **641** 勿 **642** 爪

640 匂 (향내 내)

丿 ク 勺 匂

にお-う

匂う 향기가 나다/냄새가 나다　　匂い 냄새/향기
にお　　　　　　　　　　　　　　にお

641 勿 (말 물)

丿 ク 勹 勿

なかれ

モチ　ブツ

勿論 물론
もちろん

642 爪 (손톱 조)

丿 厂 爪 爪

つめ　つま

爪 손톱
つめ

643 倉 644 傘 645 舎

643 倉 (곳집 창)

倉 倉 | ノ 人 亼 今 今 今 倉 倉
倉 倉

くら
ソウ

倉庫 창고
そうこ

644 傘 (우산 산)

傘 傘 | ノ 人 亼 夾 夵 夵 夵
夵 夵 傘 傘

かさ
傘 우산
かさ

折りたたみ傘 접는 우산
お　　　　　かさ

サン

645 舎 (집 사) 舍

舎 舎 | ノ 人 亼 仐 全 全 舎 舎

シャ
校舎 교사
こうしゃ

☆ 田舎 시골
　　いなか

646 舗　**647** 幹　**648** 丹

舗	舗	ノ	ヘ	亠	亼	牟	舎	舎
		舍	舍	鉗	鋪	鋪	舗	舗

ホ
舗装 포장
ほそう

(펼 포) 舗

幹	幹	一	十	六	古	吉	直	卓
		卓	卓	幹	幹	幹		

みき
幹 나무의 줄기
みき

(줄기 간)

カン

幹線 간선　　　　　新幹線 신칸센
かんせん　　　　　しんかんせん

幹部 간부　　　　　幹事 간사
かんぶ　　　　　　かんじ

丹	丹	ノ	刀	月	丹			

タン
丹念 단념
たんねん

(붉을 단)

649 丼

丼 丼

一 二 丼 丼 丼

どんぶり　どん

丼 밥그릇
どんぶり

天丼 텐동/튀김덮밥
てんどん

(우물 정) 丼

650 肅

肅 肅

フ ヨ ヨ 甼 甼 甼 肀
聿 肃 肅

シュク

自肅 자숙
じしゅく

(엄숙할 숙) 肅

651 丘

丘 丘

ノ 亻 ^仁 斤 丘

おか

丘 언덕
おか

(언덕 구)
122 陵

キュウ

砂丘 사구
さきゅう

丘陵 언덕/구릉
きゅうりょう

 **655** 尤 **656** 壮 **657** 矛

655 尤　一ナ尤尤

もっと-も　すぐ-れる　とが-める
尤も 가장
もっと

ユウ

(더욱 우)

656 壮　１丬丬-壮壮

ソウ
壮大 장대
そうだい

(장할 장) 壯

657 矛　フマ３予矛

ほこ

ム
矛盾 모순
む じゅん

(창 모)
157 盾

658 孝 659 疎 660 髭

658

孝 孝 | 一 十 土 耂 考 孝

コウ
孝行 효행/효도
こうこう

(효도 효)

659

疎 疎 | 一 了 下 E 正 正 正 正
正 正 正 正 疎

うと-い　うと-む
ソ

過疎 과소　　　　　過疎化 과소화
かそ　　　　　　　かそか

過疎地域 과소지역　疎通 소통
かそちいき　　　　　そつう

(성길 소)

660

髭 髭 | 丨 厂 F F 巨 長 長 長
長 長 長 長 髭 髭 髭 髭

ひげ　くちひげ
髭 수염
ひげ

シ

(윗수염 자)

온라인 테스트

595-660

아래 웹사이트에 접속하여 595~660의
한자를 복습하십시오.

PC http://www.hedgroup.co.kr/JLPT/N1_Kanji/Chapter9.html

Smartphone

제2장

여기에서 실력차가!

N1 한자
661-800

クイズ

「拷問」はどう読む？

せつもん　たんもん　ごうもん　ぐもん

661 仁

仁義 じんぎ 인의　　仁愛 じんあい 인애

(어질 인)

662 仙

仙人 せんにん 선인

歌仙 かせん 와카의 명인

(신선 선)

663 佐

補佐 ほさ 보좌

(도울 좌)

664 佳

佳作 かさく 가작　　佳人 かじん 가인

(아름다울 가)

665 俊 **666** 倫 **667** 俸 **668** 偵

665

(준걸 준)

345 敏

シュン
俊敏 준민
しゅんびん

俊足 준족
しゅんそく

666

(인륜 륜)

リン
倫理 윤리
りんり

倫理的 윤리적
りんりてき

667

(녹 봉)

ホウ
月俸 월봉/월급
げっぽう

年俸 연봉
ねんぽう

668

(염탐할 정)

テイ
探偵 탐정
たんてい

偵察 정찰
ていさつ

669 儒 **670** 江 **671** 沖 **672** 浦

669 儒
(선비 유)

ジュ
儒学 유학
じゅがく

儒教 유교
じゅきょう

670 江
(강 강)

え
入り江 후미(물가나 산길이 휘어서 굽어진 길)
い え

コウ

671 沖
(화할 충)

おき
沖 앞바다
おき

沖合い 앞바다
おき あ

チュウ

672 浦
(개 포)

うら
浦 해변/후미
うら

津々浦々 방방곡곡
つ つ うら うら

673 漆 **674** 潟 **675** 准 **676** 朱

673

漆 漆 漆

(옻 칠)

うるし
漆 옻나무
うるし

シツ
漆器 칠기
しっき

漆黒 칠흑
しっこく

674

潟 潟 潟

(개펄 석)

かた
干潟 간석지/개펄
ひがた

675

准 准 准

(준할 준)

ジュン
批准 비준
ひじゅん

676

朱 朱 朱

(붉을 주)

シュ
朱色 주색/주홍색
しゅいろ

朱肉 인주
しゅにく

 677 某 678 棺 679 楼 680 租

677 某

某
某

(아무 모)

ボウ
某 아무개
ぼう

某日 어떤 날
ぼうじつ

678 棺

棺
棺

(널 관)

ひつぎ
棺 관
ひつぎ

カン
出棺 출관
しゅっかん

納棺 납관/입관
のうかん

679 楼

楼
楼

(다락 루) 樓
 摩

ロウ
鐘楼 종루/종각
しょうろう

摩天楼 마천루
まてんろう

680 租

租
租

(조세 조)

ソ
租税 조세
そぜい

681 鶏 682 郎 683 陛 684 肖

681

鶏
鶏

(닭 계) 鶏

にわとり
鶏 닭

ケイ
鶏卵 계란

682

郎
郎

(사내 랑) 郎

ロウ
新郎 신랑

683

陛
陛

(대궐의 섬돌 폐)

ヘイ
陛下 폐하

684

肖
肖

(닮을 초) 肖
(커질 소)

ショウ
肖像 초상

不肖 불초(자기의 겸칭)

685 胎　686 髄　687 覇　688 罷

685 胎
(아이 밸 태)
タイ
堕胎 낙태//타태
胎内 태내
胎児 태아
703 堕

686 髄
(골수 수)
ズイ
脊髄 척수
髄

687 覇
(으뜸 패)
ハ
制覇 제패
覇権 패권

688 罷
(마칠 파)
ヒ
罷免 파면
550 免

689 拙 **690** 抹 **691** 拷 **692** 摂

689
拙 拙 拙
(옹졸할 졸)

つたな-い
拙い 서투르다
つたな

セツ
稚拙 치졸/서투름
ちせつ

690
抹 抹 抹
(지울 말)

マツ
抹茶 말차　　　抹殺 말살
まっちゃ　　　まっさつ

691
拷 拷 拷
(칠 고)

ゴウ
拷問 고문
ごうもん

692
摂 摂 摂
(다스릴 섭) 攝

セツ
摂理 섭리
せつり

693 搾 **694** 擁 **695** 擬 **696** 炉

693 搾

搾 / 搾

(짤 착)

しぼ-る
搾る 짜다
しぼ

サク
搾取 착취
さくしゅ

694 擁

擁 / 擁

(낄 옹)

ヨウ
擁護 옹호
ようご

695 擬

擬 / 擬

(비길 의)

ギ
模擬 모의　　擬音 의음
もぎ　　　　　ぎおん
擬人法 의인법
ぎじんほう

696 炉

炉 / 炉

(화로 로) 爐

ロ
暖炉 난로
だんろ

697 恒 **698** 悦 **699** 悼 **700** 惰

697
恒 / 恒 / 恒

コウ
恒例 항례
こうれい

恒温動物 항온동물
こうおんどうぶつ

(항상 항)

698
悦 / 悦 / 悦

エツ
悦楽 열락
えつらく

悦に入る 흡족해하다
えつ　い

(기쁠 열) 悅

699
悼 / 悼 / 悼

いた-む
悼む 애도하다
いた

トウ
追悼 추도
ついとう

(슬퍼할 도)

700
惰 / 惰 / 惰

ダ
怠惰 나태//태타
たいだ

惰性 타성
だせい

(게으를 타)
483 怠

701 坑 702 塚 703 堕 704 塑

701

コウ
炭坑 탄갱
たんこう

(구덩이 갱)

702

つか
塚 무덤　　　　　　貝塚 패총/조개무지
つか　　　　　　　　かいづか

(무덤 총) 塚

703

ダ
堕落 타락　　　　　　堕胎 낙태/타태
だらく　　　　　　　だたい

(떨어질 타) 堕
685 胎

704

ソ
塑像 소상
そぞう
彫塑 조소
ちょうそ

(흙 빚을 소)
420 彫

705 墳 706 壤 707 墾 708 鋳

705

墳
墳
墳

(무덤 분)

フン
古墳 고분
こふん

706

壤
壤
壤

(흙덩이 양) 壤

ジョウ
土壤 토양
どじょう

707

墾
墾
墾

(개간할 간)

コン
開墾 개간
かいこん

708

鋳
鋳
鋳

(불릴 주) 鑄

い-る
鋳る 주조하다　　鋳物 주물
い　　　　　　　 いもの

チュウ　ジュウ
鋳造 주조
ちゅうぞう

709 錬　710 鎮　711 硫　712 礁

709 錬　鍊鍊

レン

精錬 정련　　鍛錬 단련
せいれん　　　たんれん

錬金術 연금술
れんきんじゅつ

(단련할 련) 鍊
242 鍛

710 鎮　鎮鎮

しず-める　しず-まる

チン

鎮静 진정　　鎮圧 진압
ちんせい　　　ちんあつ

(진압할 진) 鎭

711 硫　硫硫

リュウ

硫酸 황산
りゅうさん

☆ 硫黄 황
　　いおう

(유황 류)
361 酸

712 礁　礁礁

ショウ

暗礁 암초
あんしょう

岩礁 암초
がんしょう

サンゴ礁 산호초
　　　しょう

(암초 초)

713 后 **714** 唐 **715** 呪 **716** 唆

713
后 / 后 / 后
(뒤 후)
255 皇

コウ
皇后 황후
こうごう

714
唐 / 唐 / 唐
(당나라 당) 唐

から

トウ
唐突 당돌/돌연　　唐辛子 고추
とうとつ　　　　　とうがらし

715
呪 / 呪 / 呪
(빌 주)

のろ-う
呪う 저주하다　　呪い 저주
のろ　　　　　　のろ

ジュ
呪文 주문
じゅもん

716
唆 / 唆 / 唆
(부추길 사)

そそのか-す
唆す 꼬드기다
そそのか

サ
示唆 시사
しさ

717 喝 **718** 喚 **719** 嘱 **720** 謁

717 喝

喝 / 喝

カツ

一喝 일갈
いっかつ

喝采 갈채
かっさい

恐喝 공갈
きょうかつ

(꾸짖을 갈) 喝

718 喚

喚 / 喚

カン

喚起 환기
かん き

証人喚問 증인환문/증인소환
しょうにんかんもん

(부를 환)

719 嘱

嘱 / 嘱

ショク

嘱託 촉탁
しょくたく

嘱望 촉망
しょくぼう

(부탁할 촉) 嘱

267 託

720 謁

謁 / 謁

エツ

拝謁 배알
はいえつ

謁見 알현
えっけん

(뵐 알) 謁

721 諭 **722** 謄 **723** 曾 **724** 曹

721

さと-す
諭す 잘 타이르다
さと

ユ
教諭 교유/교사
きょうゆ

(타이를 유) 諭

722

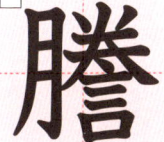

トウ
謄本 등본
とうほん

戸籍謄本 호적 등본
こ せき とう ほん

(베낄 등) 謄

723

ゾ ソウ
未曾有 미증유
み ぞ う

(일찍 증) 曾

724

ソウ
軍曹 하사관(옛 일본 군인 계급의 하나)
ぐんそう

法曹界 법조계
ほうそうかい

(무리 조)

 725 曉　726 頓　727 頒　728 賓

725 曉
曉
曉

あかつき
曉　새벽/때/날

ギョウ

(새벽 효) 曉

726 頓
頓
頓

トン
整頓　정돈
頓挫　돈좌/좌절

(조아릴 돈)

727 頒
頒
頒

ハン
頒布　반포

(나눌 반)

728 賓
賓
賓

ヒン
主賓　주빈
来賓　내빈

(손 빈) 賓

729 妃 **730** 姻 **731** 姫 **732** 媒

729
妃 / 妃 / 妃

ヒ
王妃 왕비
おうひ

妃殿下 비전하
ひでんか

(왕비 비)

730
姻 / 姻 / 姻

イン
婚姻 혼인
こんいん

婚姻届 혼인신고
こんいんとどけ

(혼인 인)

731
姫 / 姫 / 姫

ひめ
姫 공주(귀인의 딸로 미혼녀)/여성에 대한 미칭
ひめ

歌姫 가희/여가수
うたひめ

(여자 희) 姬

732
媒 / 媒 / 媒

バイ
媒介 매개
ばいかい

媒体 매체
ばいたい

(중매 매)

733 嫡 734 禍 735 袖 736 褐

733
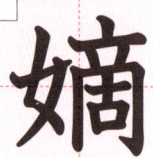
チャク
嫡子 적자
ちゃく し

(정실 적)

734
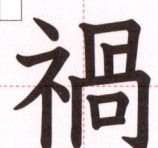
カ
戦禍 전화
せん か

禍根 화근
か こん

(재앙 화) 禍

735

そで
袖 소매　　　半袖 반소매/반팔
そで　　　　はんそで

長袖 긴소매/긴팔
ながそで

シュウ

(소매 수)

736
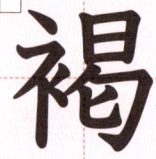
カツ
褐色 갈색　　　茶褐色 다갈색
かっしょく　　ちゃかっしょく

(갈색 갈) 褐

737 猟 **738** 殉 **739** 款 **740** 騎

737

猟
猟
猟

(사냥 렵) 獵

リョウ
狩猟 수렵
しゅりょう
猟犬 엽견/사냥개
りょうけん

738

殉
殉
殉

(따라 죽을 순)

ジュン
殉教 순교
じゅんきょう
殉死 순사
じゅんし
殉職 순직
じゅんしょく

739

款
款
款

(항목 관)

カン
定款 정관
ていかん
借款 차관
しゃっかん

740

騎
騎
騎

(말 탈 기)

キ
騎士 기사
きし
騎馬 기마
きば

741 軸 **742** 轄 **743** 酌 **744** 醸

741

軸
軸
(굴대 축)

ジク
軸 축
しく

縦軸 종축/세로축
たてじく

主軸 주축
しゅじく

横軸 횡축/가로축
よこじく

742

轄
轄
(다스릴 할)

カツ
管轄 관할
かんかつ

743

酌
酌
(술 부을 작)

く-む
酌む 따라서 마시다
く

酌み交わす 대작하다/술잔을 주고받다
く か

シャク
晩酌 만작/저녁 반주
ばんしゃく

744

醸
醸
(술 빚을 양) 醸

かも-す
醸す 빚다/양조하다
かも

ジョウ
醸成 양성
じょうせい

醸造 양조
じょうぞう

745 鞄 **746** 糾 **747** 紋 **748** 累

745 鞄 (혁공 포)
かばん　なめしがわ
鞄 가방

ホウ

746 糾 (얽힐 규)
キュウ
紛糾 분규
糾弾 규탄

381 紛

747 紋 (무늬 문)
モン
指紋 지문　　紋章 문장

748 累 (여러 루)
ルイ
累計 누계　　累積 누적

749 蚕

蚕
蚕

(누에 잠) 蠶

かいこ
蚕 누에
かいこ

サン
養蚕 양잠
ようさん

750 蛮

蛮
蛮

(오랑캐 만) 蠻

バン
野蛮 야만
やばん

蛮人 만인/야만인
ばんじん

751 蝶

蝶
蝶

(나비 접)

チョウ
蝶 나비
ちょう

752 弔

弔
弔

(조상할 조)

とむら-う
弔う 애도하다
とむら

チョウ
弔意 조의
ちょうい

弔問 조문
ちょうもん

753 艇 **754** 剛 **755** 叙 **756** 勲

753

(배 정)
416 艦

テイ
艦艇 함정
かんてい

754

ゴウ
剛直 강직　　剛健 강건
ごうちょく　　ごうけん

(굳셀 강)

755

ジョ
自叙伝 자서전
じじょでん

叙勲 서훈/훈장 수여
じょくん

(펼 서) 敍
756 勲

756

クン
叙勲 서훈/훈장 수여
じょくん

勲章 훈장
くんしょう

(공 훈) 勳
755 叙

757 勅

チョク

勅令 칙령
ちょくれい

(칙서 칙)

758 赦

シャ

恩赦 은사/특별사면　　容赦 용사/용서
おんしゃ　　　　　　　　ようしゃ

(용서할 사)

484 恩

759 尉

イ

大尉 대위
たいい

(벼슬 위)

760 鶴

つる

鶴 학
つる

千羽鶴 천 마리(종이로 접은)학 (길조를 의미)
せんばづる

(학 학)

761 迭 **762** 逝 **763** 逐 **764** 遵

761

迭
迭

(번갈아들 질) 迭

テツ
更迭 경질/교체
こうてつ

762

逝
逝

(갈 서) 逝

ゆ-く **い-く**
逝く 가다/죽다　　逝く 가다/죽다
ゆ　　　　　　　　い

セイ
急逝 급서/갑작스러운 죽음
きゅうせい

763

逐
逐

(쫓을 축) 逐
349 駆

チク
逐一 축일/차례대로　　駆逐 구축
ちくいち　　　　　　　　くちく

764

遵
遵

(좇을 준) 遵

ジュン
遵守 준수
じゅんしゅ

765 忍 **766** 慈 **767** 懇 **768** 貞

765

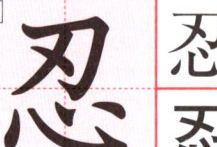

(참을 인) 忍
222 堪
453耐

しの-ぶ　しの-ばせる

ニン

堪忍 감내/인내/용서함　　忍耐 인내
かんにん　　　　　　　　にんたい

766

(사랑 자)

いつく-しむ

慈しむ 자비를 베풀다
いつく

ジ

慈愛 자애
じ あい

慈善事業 자선사업
じ ぜん じ ぎょう

767

(간절할 간)

ねんご-ろ

コン

懇切 간절　　懇親会 간친회/친목회
こんせつ　　　こんしんかい

768

(곧을 정)
051 淑

テイ

貞淑 정숙　　貞節 정절/절개
ていしゅく　　ていせつ

769 韻 **770** 覗 **771** 奔 **772** 帆

769

韻 韻 韻
(운 운)

イン
余韻 여운　　音韻 음운
よいん　　　　おんいん

770

覗 覗 覗
(엿볼 사)

のぞ-く　うかが-う
覗く 엿보다
のぞ

シ

771

奔 奔 奔
(달릴 분)

ホン
奔走 분주　　奔放 분방
ほんそう　　　ほんぽう

772

帆 帆 帆
(돛 범)

ほ
帆 돛
ほ

ハン
帆走 범주
はんそう

773 帝 774 閥 775 恭 776 宰

773

(임금 제)

テイ
帝位 제위
ていい

帝国 제국
ていこく

774

(문벌 벌)

バツ
派閥 파벌
はばつ

775

(공손할 공)

うやうや-しい
恭しい 공손하다
うやうや

キョウ

776

(재상 재)

サイ
主宰 주재
しゅさい

宰相 재상
さいしょう

777 宵 778 寡 779 窃 780 窯

777 宵

宵 宵

よい
宵 초저녁
よい

ショウ

(밤 소) 宵

778 寡

寡 寡

カ
寡占 과점
かせん

寡黙 과묵
かもく

(적을 과)
480 黙

779 窃

窃 窃

セツ
窃盗 절도
せっとう

(훔칠 절) 竊

780 窯

窯 窯

かま
窯 가마/요
かま

ヨウ

(기와 굽는 가마 요)

 781 芋 782 菊 783 薫 784 藤

781 芋

芋 芋

(토란 우)

いも
芋 감자
_{いも}

782 菊

菊 菊

(국화 국)

きく
菊 국화
_{きく}

783 薫

薫 薫

(향초 훈) 薫

かお-る
薫る 상쾌하게 느껴지다/향기가 나다
_{かお}

クン

784 藤

藤 藤

(등나무 등) 藤

ふじ
藤 등나무　　　藤色 연보랏빛(색)
_{ふじ}　　　　_{ふじいろ}

トウ
葛藤 갈등
_{かっとう}

785 藩 **786** 藻 **787** 廉 **788** 疫

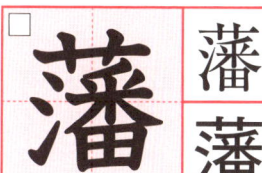

785

ハン
藩 울타리/번
はん

藩主 영주/번주
はんしゅ

(울타리 번)

786

も

ソウ
海藻 해조
かいそう

藻類 조류
そうるい

(마름 조)

787

レン
廉価 염가
れんか

(청렴할 렴) 廉

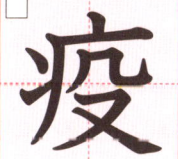

788

エキ　ヤク
免疫 면역
めんえき

検疫 검역
けんえき

疫病 역병
えきびょう

(전염병 역)

789 疾

疾 疾

(병 질)

シツ

疾患 질환　　疾走 질주
しっかん　　　しっそう

790 尺

尺 尺

(자 척)

シャク

尺度 척도　　縮尺 축척
しゃくど　　　しゅくしゃく

791 尼

尼 尼

(여승 니)

022 僧

あま

尼 여승　　尼寺 여승방/수녀원
あま　　　あまでら

ニ

尼僧 여승/비구니/수녀
にそう

792 幻

幻 幻

(헛보일 환)

まぼろし

幻 환상
まぼろし

ゲン

幻覚 환각　　幻影 환영
げんかく　　　げんえい

793 囚　**794** 斤　**795** 斥　**796** 屯

793
囚 (가둘 수)

シュウ

死刑囚 사형수
しけいしゅう

囚人 수인/죄수
しゅうじん

423 刑

794
斤 (근 근)

キン

斤量 근량/무게
きんりょう

795
斥 (물리칠 척)

セキ

排斥 배척
はいせき

796
屯 (진칠 둔)

トン

駐屯 주둔
ちゅうとん

駐屯地 주둔지
ちゅうとんち

797

壺 / 壺 壺

つぼ
壺 단지/항아리   思う壺 의도한 바/예기한 바

コ

(병호)

798

其 / 其 其

そ-の それ
其の ユ/저   其 ユ

キ

(그기)

799

孔 / 孔 孔

コウ
瞳孔 동공

(구멍 공)

162 瞳

800

此 / 此 此

これ こ-の ここ か-く
此 이   此の 이

(이 차)

온라인 테스트

661-800

아래 웹사이트에 접속하여 661~800의 한자를 복습하십시오.

PC http://www.hedgroup.co.kr/JLPT/N1_Kanji/Chapter10.html

Smartphone

50음순색인

| 한자 | 한자No. |

あ

アイ
挨 179
哀 527
あ-う
遭 469
あ-えて
敢 346
あお-ぐ
仰 2
扇 615
あか
垢 216
あ-かす
飽 367
あかつき
暁 725
あ-がる
揚 186
あ-きる
飽 367
あ-げる
揚 186
あこが-れる
憧 209
あさ

麻 596
あざむ-く
欺 271
あし
脚 148
あそ-ぶ
嬉 320
あて
宛 559
あ-てる
宛 559
あなど-る
侮 9
あま
蛋 407
尼 791
あみ
網 392
あや-うい
殆 342
あら-い
粗 129
あらし
嵐 379
あ-る
或 625
ある-いは
或 625

あわ
泡 40
あわ-い
淡 47
あわ-せる
併 7
あわ-れ
哀 527
あわ-れむ
哀 527

い

イ
椅 90
唯 264
威 315
維 390
緯 395
遺 472
為 477
慰 490
尉 759
い
井 652
い-える
癒 604
いき
粋 127

いきどお-る
憤 210
いく
幾 629
い-く
逝 762
いこ-い
憩 491
いこ-う
憩 491
いしずえ
礎 254
いた-す
致 449
いた-む
悼 699
イツ
逸 465
いつく-しむ
慈 766
いつわ-る
偽 16
いど-む
挑 177
いな
稲 101
いね
稲 101

いまし-める		うず		恨	200	エツ	
戒	624	渦	54	うら-めしい		閲	545
い-まわしい		うす-い		恨	200	悦	698
忌	481	稀	98	うるお-う		謁	720
い-む		うそ		潤	67	えびす	
忌	481	嘘	265	濡	69	蛋	407
いも		うたい		うるお-す		えり	
芋	781	謡	279	潤	67	襟	330
いや-しい		うた-う		うるし		え-る	
卑	507	謡	279	漆	673	獲	338
いや-しむ		う-だる		うる-む		エン	
卑	507	茹	577	潤	67	鉛	234
いや-しめる		う-つ		うるわ-しい		猿	336
卑	507	撃	518	麗	523	縁	394
い-やす		うった-える		うれ-い		宴	563
癒	604	訴	268	憂	489		
い-る		うつ-ろ		うれ-える		**お**	
鋳	708	虚	605	憂	489	オ	
いろど-る		うと-い		うれ-しい		於	412
彩	419	疎	659	嬉	320	お	
イン		うと-む		うわさ		雄	442
陰	119	疎	659	噂	538	尾	610
姻	730	うば-う				お-いて	
韻	769	奪	516	**え**		於	412
		うま-い		え		オウ	
う		旨	288	餌	369	皇	255
う-い		うめ		江	670	殴	446
憂	489	梅	82	エイ		凹	632
う-える		うやうや-しい		衛	32	おうぎ	
飢	364	恭	775	エキ		扇	615
蒔	582	うら		疫	788	おお-う	
うかが-う		浦	672	えさ		覆	623
覗	770	うら-む		餌	369	おお-せ	

仰	2
おか	
丘	651
おか-す	
侵	11
冒	291
おき	
沖	671
オク	
臆	155
お-ける	
於	412
おこた-る	
怠	483
お-しい	
惜	203
お-しむ	
惜	203
おす	
雄	442
おそ-う	
襲	325
おちい-る	
陥	116
オツ	
乙	653
おど-かす	
脅	132
おとしい-れる	
陥	116
おど-す	
脅	132
おど-る	

躍	167
おとろ-える	
衰	322
おに	
鬼	456
おのれ	
己	654
おびや-かす	
脅	132
おもむ-く	
赴	476
おれ	
俺	13
おろ-か	
愚	601
おろし	
卸	432
おろ-す	
卸	432
オン	
恩	484

か

カ	
渦	54
架	81
稼	103
嫁	319
嘩	536
華	578
箇	587
霞	621
佳	664

禍	734
寡	778
か	
蚊	404
ガ	
餓	365
瓦	435
雅	441
賀	496
芽	573
カイ	
拐	175
懐	211
塊	225
咳	532
蓋	581
戒	624
ガイ	
涯	48
概	92
慨	207
該	276
崖	378
咳	532
蓋	581
かいこ	
蚕	749
か-う	
飼	368
かえ-って	
却	431
かえり-みる	
顧	304

かお-る	
薫	783
かがみ	
鏡	245
かがや-く	
輝	354
かかり	
掛	182
か-かる	
架	81
掛	182
懸	494
かき	
垣	215
かぎ	
鍵	243
カク	
核	85
穫	106
隔	126
獲	338
殻	447
閣	544
か-く	
此	800
ガク	
岳	372
かけ	
賭	301
かげ	
陰	119
がけ	
崖	378

か-ける							
架	81	偏	17	狩	333	かんが-みる	
掛	182	かたわ-ら		か-りる		鑑	247
賭	301	傍	18	貫	501	かんば-しい	
駆	349	カツ		か-る		芳	571
懸	494	渇	49	狩	333	かんむり	
かげ-る		括	176	駆	349	冠	556
陰	119	筈	586	刈	422		
かさ		喝	717	かわ-く		**き**	
傘	644	褐	736	渇	49	キ	
かざ-る		轄	742	かわら		汽	34
飾	366	かな-でる		瓦	435	棄	91
かじ		奏	512	カン		稀	98
梢	88	かね		陥	116	揮	190
かじ-る		鐘	246	肝	135	棋	272
噛	541	か-ねる		憾	212	既	296
かす-か		兼	555	堪	222	嬉	320
微	27	かばん		鑑	247	軌	353
かすみ		鞄	745	敢	346	輝	354
霞	621	かま		艦	416	飢	364
かす-む		釜	230	勘	434	岐	370
霞	621	窯	780	還	474	紀	380
かせ-ぐ		かまびす-しい		貫	495	旗	414
稼	103	喧	535	監	504	鬼	456
かた		嘩	536	甲	508	忌	481
潟	674	噌	540	閑	543	奇	513
かた-い		か-む		冠	556	幾	629
堅	220	噛	541	寛	564	己	654
かたな		かも-す		幹	647	騎	740
刀	638	醸	744	棺	678	其	798
かたまり		から		喚	710	ギ	
塊	225	殻	447	款	739	偽	16
かたよ-る		唐	714	ガン		欺	271
		か-り		眼	159	犠	340

宜	558	虚	605	垢	216	髭	660
擬	695	キョウ		駆	349	くちびる	
戯	627	郷	118	貢	437	唇	263
きく		脅	132	宮	562	く-ちる	
菊	782	鏡	245	グ		朽	75
き-く		狂	331	愚	601	クツ	
聴	418	峡	374	く-う		屈	612
きた-える		矯	403	茹	577	くつがえ-す	
鍛	242	享	593	グウ		覆	623
キチ		凶	631	遇	466	くつがえ-る	
吉	524	恭	775	宮	562	覆	623
キツ		ギョウ		くき		く-む	
吉	524	仰	2	茎	574	酌	743
きぬ		凝	73	くさ-らす		くら	
絹	389	暁	725	腐	133	倉	643
きも		きり		くさり		くる-う	
肝	135	霧	306	鎖	244	狂	331
キャ		きわ-まる		くさ-る		くる-おしい	
脚	148	窮	568	腐	133	狂	331
キャク		きわ-める		茹	577	クン	
脚	148	窮	568	くじら		勲	756
却	431	キン		鯨	352	薫	783
ギャク		僅	21	くず-す		グン	
虐	606	琴	258	崩	377	郡	115
キュウ		謹	282	くず-れる			
朽	75	襟	330	崩	377	**け**	
弓	409	菌	579	くせ		ケ	
宮	562	斤	794	癖	603	稀	98
窮	568	ギン		くだ-く		懸	494
丘	651	吟	262	砕	248	ケイ	
糾	746			くだ-ける		径	24
キョ		**く**		砕	248	渓	50
嘘	265	ク		くちひげ		稽	105

蛍	406	兼	555	皇	255	こずえ	
刑	423	圏	636	項	297	梢	88
慶	487	**ゲン**		酵	360	**コツ**	
憩	491	眼	159	絞	388	惚	204
啓	528	弦	410	綱	391	**こと**	
茎	574	玄	590	叩	430	琴	258
鶏	681	幻	792	貢	437	殊	343
ゲイ				甲	508	**ことぶき**	
鯨	352			喉	534	寿	454
けが-れる		**こ**		孝	658	**こ-の**	
垢	216			江	670	這	464
ゲキ		**コ**		恒	697	此	800
隙	125	股	140	坑	701	**こ-やし**	
撃	518	誇	275	后	713	肥	138
ケツ		顧	304	孔	799	**こ-やす**	
傑	19	弧	411	**ゴウ**		肥	138
けもの		鼓	450	郷	118	**こよみ**	
獣	439	虚	605	噛	541	暦	293
け-る		己	654	豪	595	**こ-らしめる**	
蹴	166	壺	797	拷	691	懲	493
ケン		**ゴ**		剛	754	**こ-らす**	
倹	14	悟	201	**こえ**		凝	73
堅	220	碁	251	肥	138	懲	493
鍵	243	娯	317	**こ-える**		**こ-りる**	
謙	284	**コウ**		肥	138	懲	493
顕	303	仰	2	**コク**		**こ-る**	
絹	389	衡	31	穀	100	凝	73
剣	426	溝	56	酷	359	**これ**	
献	438	稿	104	克	551	這	464
遣	471	耗	108	**ゴク**		此	800
憲	492	拘	173	獄	337	**コン**	
懸	494	控	101	**ここ**		恨	200
喧	535	巧	213	此	800	昆	289
		垢	216				
		鋼	240				

紺	386
献	438
魂	457
墾	707
懇	767

さ

サ
沙	35
鎖	244
詐	270
佐	663
唆	716

サイ
債	20
栽	87
砕	248
彩	419
斎	592
宰	776

ザイ
剤	425

さえぎ-る
遮	470

サク
錯	238
酢	356
索	383
搾	693

さ-く
裂	323

さ-ける
裂	323

さ-す
挿	178

サツ
拶	180
撒	195
擦	197

さと
里	509

さと-す
諭	721

さと-る
悟	201

さまた-げる
妨	314

さむらい
侍	8

さる
猿	336

さわ
沢	37

さわ-やか
爽	514

サン
桟	86
撒	195
惨	202
酸	361
傘	644
蚕	749

ザン
惨	202
暫	294

し

シ
肢	139
只	259
諮	280
旨	288
賜	299
飼	368
紫	387
矢	402
雌	443
蒔	582
髭	660
覗	770

ジ
侍	8
滋	52
磁	252
馳	348
餌	369
蒔	582
慈	766

しいた-げる
虐	606

しお
潮	64

しか-る
叱	260

し-く
敷	347

ジク
軸	741

しげ-る
茂	572

ししびしお
醤	363

しず-まる
鎮	710

しず-める
鎮	710

した-う
慕	549

したた-る
溜	58

シツ
執	217
叱	260
漆	673
疾	789

しと-やか
淑	51

しの-ばせる
忍	765

しの-ぶ
忍	765

しば
芝	569

しばら-く
暫	294

しば-る
縛	397

しぼ-る
絞	388
搾	693

し-まる
絞	388

し-みる		シュウ		巡	460	ジョウ	
浸	45	蹴	166	准	675	浄	44
し-める		執	217	殉	738	錠	239
絞	388	襲	325	遵	764	嬢	321
しも		酬	357	ショ		縄	393
霜	622	醜	362	庶	597	剰	428
シャ		愁	486	ジョ		冗	557
斜	451	宗	560	如	308	壌	706
這	464	衆	619	茹	577	醸	744
遮	470	袖	735	叙	755	ショク	
煮	479	囚	793	ショウ		殖	344
舎	645	ジュウ		償	23	飾	366
赦	758	汁	33	衝	30	嘱	719
ジャ		銃	236	沼	39	ジョク	
邪	113	紐	384	松	78	辱	452
蛇	405	縦	398	梢	88	しり	
シャク		獣	439	称	96	尻	608
釈	107	鋳	708	粧	130	しる	
酌	743	シュク		憧	209	汁	33
尺	790	叔	6	鐘	246	しわぶき	
シュ		淑	51	訟	269	咳	532
腫	151	粛	650	晶	292	しわぶ-く	
珠	257	ジュク		醤	363	咳	532
狩	333	塾	226	彰	421	シン	
殊	343	シュン		奨	515	侵	11
衆	619	瞬	163	唱	533	津	43
朱	676	旬	287	尚	552	浸	45
ジュ		俊	665	掌	554	慎	206
濡	69	ジュン		匠	634	唇	263
樹	94	偱	26	井	652	娠	313
寿	454	潤	67	肖	684	紳	385
儒	669	盾	157	礁	712	賑	498
呪	715	旬	287	宵	777	審	565

芯	570	す-える		擦	197	窃	779
ジン		据	183	す-わる		ぜに	
陣	117	すき		据	183	銭	235
甚	295	隙	125			せま-る	
尋	455	すぎ		**せ**		迫	462
迅	461	杉	76			**セン**	
尽	609	すぐ-れる		**せ**		潜	65
刃	639	尤	655	瀬	71	栓	84
仁	661	すご-い		**ゼ**		践	165
		凄	72	是	290	揃	188
す		すず		**セイ**		銭	235
		鈴	232	征	25	繊	400
ス		すす-める		凄	72	旋	413
蘇	584	薦	583	誠	274	遷	473
す		すそ		誓	277	宣	561
酢	356	裾	329	婿	318	薦	583
巣	553	すた-る		牲	341	扇	615
スイ		廃	599	聖	417	仙	662
穂	102	すた-れる		貰	501	**ゼン**	
粋	127	廃	599	斉	591	漸	63
睡	161	すで-に		井	652	禅	326
炊	198	既	296	逝	762	繕	401
垂	214	す-てる		**セキ**			
衰	322	棄	91	惜	203	**そ**	
酔	355	す-ます		隻	440		
遂	467	澄	66	戚	626	**ソ**	
す-い		すみ		斥	795	阻	112
酸	361	墨	227	**せき**		粗	129
ズイ		す-む		咳	532	措	184
随	124	澄	66	**せ-く**		礎	254
髄	686	す-る		咳	532	訴	268
スウ		擦	197	**セツ**		狙	332
枢	77	す-れる		拙	689	噌	540
崇	376			摂	692	蘇	584

疎	659	其	798	泰	548	たつ	
租	680	そ-らす		胎	685	竜	510
塑	704	逸	465	た-える		ダツ	
ゾ		そ-る		堪	222	脱	147
曽	723	剃	424	耐	453	奪	516
ソウ		それ		たき		たて	
僧	22	其	798	滝	55	盾	157
槽	93	そ-れる		タク		縦	398
挿	178	逸	465	沢	37	たてまつ-る	
創	429	そろ-い		択	168	奉	511
遭	469	揃	188	拓	172	たの-しむ	
奏	512	そろ-う		託	267	嬉	320
爽	514	揃	188	卓	506	たま	
喪	529	そろ-える		た-く		霊	305
噌	540	揃	188	炊	198	たまご	
巣	553	ソン		ダク		蛋	407
宗	560	噂	538	濁	68	たましい	
荘	576			諾	278	魂	457
葬	580	**た**		たく-み		た-まる	
霜	622	タ		巧	213	溜	58
倉	643	汰	36	たけ		だま-る	
壮	656	ダ		岳	372	黙	480
曽	723	妥	311	たず-ねる		たまわ-る	
曹	724	駄	350	尋	455	賜	299
藻	786	蛇	405	ただ		ため	
ゾク		惰	700	只	259	為	477
俗	10	堕	703	唯	264	た-め	
賊	298	タイ		たたか-う		溜	58
そそのか-す		隊	123	闘	547	た-める	
唆	716	殆	342	たた-く		溜	58
そで		耐	453	叩	430	矯	403
袖	735	逮	463	ただよ-う		た-らす	
そ-の		怠	483	漂	62	垂	214

た-れる		チュウ		塚	702	つな	
垂	214	衷	316	つか-う		綱	391
たわら		紐	384	遣	471	つばさ	
俵	12	忠	482	つ-かす		翼	444
タン		沖	671	尽	609	つぼ	
淡	47	鋳	708	つ-かる		壺	797
胆	143	チョウ		漬	61	つま	
堪	222	潮	64	つか-わす		爪	642
壇	229	澄	66	遣	471	つ-む	
鍛	242	腸	150	つ-きる		摘	192
旦	286	跳	164	尽	609	つむ-ぐ	
蛋	407	挑	177	つぐな-う		紡	382
嘆	537	釣	231	償	23	つめ	
丹	648	聴	418	つく-る		爪	642
ダン		彫	420	創	429	つゆ	
壇	229	懲	493	つ-くる		露	307
旦	286	吊	525	尽	609	つらぬ-く	
		蝶	751	つくろ-う		貫	495
ち		弔	752	繕	401	つる	
チ		チョク		つ-ける		弦	410
稚	99	勅	757	浸	45	鶴	760
馳	348	チン		漬	61	つ-る	
致	449	陳	120	つたな-い		釣	231
痴	602	鎮	710	拙	689	吊	525
ちか-う				つちか-う		つるぎ	
誓	277	**つ**		培	219	剣	426
チク		つ		つつし-む		つ-るす	
逐	763	津	43	慎	206	吊	525
チツ		ツイ		謹	282		
秩	97	墜	228	つつみ		**て**	
窒	567	つい-に		堤	221	テイ	
チャク		遂	467	つづみ		邸	111
嫡	733	つか		鼓	450	堤	221

呈	261	唐	714	ともな-う		嘆	537
訂	266	謄	722	伴	4	なぞ	
剃	424	藤	784	と-る		謎	283
廷	475	ドウ		執	217	なつ-かしい	
亭	594	洞	42	トン		懐	211
偵	668	胴	146	豚	149	なつ-かしむ	
艇	753	瞳	162	頓	726	懐	211
貞	768	とうげ		屯	796	なつ-く	
帝	773	峠	373	どん		懐	211
テキ		とが-める		丼	649	なつ-ける	
摘	192	尤	655	どんぶり		懐	211
笛	585	トク		丼	649	な-でる	
テツ		徳	28			撫	194
徹	29	督	160	**な**		なな-め	
撤	193	匿	635			斜	451
迭	761	と-げる		ナ		なべ	
てのひら		遂	467	那	109	鍋	241
掌	554	トツ		な		なま-ける	
		凸	633	茄	577	怠	483
と		とつ-ぐ		なえ		なまり	
		嫁	319	苗	575	鉛	234
ト		とどこお-る		なお		なめしがわ	
賭	301	濡	69	尚	552	鞄	745
吐	530	とな-える		なかれ		なら-う	
トウ		唱	533	勿	641	倣	15
桃	83	とびら		なぐさ-む		なわ	
棟	89	扉	616	慰	490	縄	393
稲	101	と-ぶ		なぐさ-める		苗	575
陶	121	跳	164	慰	490		
搭	187	とぼ-ける		なぐ-る		**に**	
騰	351	惚	204	殴	446		
闘	547	とむら-う		なげ-かわしい		ニ	
刀	638	弔	752	嘆	537	仁	661
悼	699			なげ-く		尼	791

に-える			
煮	479		
にお-う			
匂	640		
にぎ-やか			
賑	498		
にぎ-わう			
賑	498		
にご-す			
濁	68		
にご-る			
濁	68		
にせ			
偽	16		
に-やす			
煮	479		
ニョ			
如	308		
茹	577		
ニョウ			
尿	611		
に-る			
煮	479		
にわとり			
鶏	681		
ニン			
妊	312		
忍	765		

ぬ

ぬ-う	
縫	396
ぬ-ぐ	
脱	147
ぬ-げる	
脱	147
ぬま	
沼	39
ぬ-れる	
濡	69

ね

ねば-る	
粘	128
ねら-う	
狙	332
ネン	
粘	128
ねんご-ろ	
懇	767

の

のぞ-く	
覗	770
のぞ-む	
臨	542
のど	
喉	534
のろ-う	
呪	715

は

ハ	
把	170
覇	687
は	
刃	639
ハイ	
肺	141
排	185
吠	531
廃	599
バイ	
梅	82
培	219
賠	500
吠	531
媒	732
は-う	
這	464
はか	
墓	224
はがね	
鋼	240
はか-る	
諮	280
謀	281
ハク	
伯	5
拍	171
舶	415
迫	462
は-く	
嘘	265
吐	530
履	613
バク	
漠	57
縛	397

はげ-ます	
励	433
はげ-む	
励	433
はし	
箸	588
はじ	
垢	216
はず	
筈	586
はずかし-める	
辱	452
は-せる	
馳	348
はた	
旗	414
はだか	
裸	328
はた-く	
叩	430
ハチ	
鉢	233
バチ	
罰	617
ハツ	
鉢	233
バツ	
伐	3
罰	617
閥	774
はな	
華	578
はなは-だ	

甚	295
はなは-だしい
甚	295
は-ねる
跳	164
はば-む
阻	112
は-らす
腫	151
は-れる
腫	151

ハン
伴	4
搬	191
煩	199
班	256
繁	399
凡	630
頒	727
帆	772
藩	785

バン
伴	4
盤	505
蛮	750

ひ

ヒ
泌	41
肥	138
披	174
碑	253
卑	507
扉	616
罷	688
妃	729

ビ
微	27
眉	158
尾	610

ひか-える
| 控 | 181 |
| 叩 | 430 |

ひげ
| 髭 | 660 |

ひざ
| 膝 | 153 |

ひじ
| 肘 | 136 |

ひしお
| 醤 | 363 |

ひそ-む
| 潜 | 65 |

ひた-す
| 浸 | 45 |

ひた-る
| 浸 | 45 |

ヒツ
| 泌 | 41 |

ひつぎ
| 棺 | 678 |

ひとみ
| 瞳 | 162 |

ひめ
| 姫 | 731 |

ひも
| 紐 | 384 |

ヒョウ
俵	12
漂	62
拍	171

ビョウ
| 苗 | 575 |

ひるがえ-す
| 翻 | 445 |

ひるがえ-る
| 翻 | 445 |

ヒン
| 頻 | 302 |
| 賓 | 728 |

ビン
| 敏 | 345 |
| 瓶 | 436 |

ふ

フ
附	114
腐	133
膚	134
扶	169
撫	194
譜	285
敷	347
赴	476
賦	499

ブ
侮	9
撫	194
奉	511

ふえ
| 笛 | 585 |

ふ-える
| 殖 | 344 |

フク
| 伏 | 1 |
| 覆 | 623 |

ふ-く
| 嘘 | 265 |
| 噴 | 539 |

ふく-らむ
| 膨 | 154 |

ふく-れる
| 膨 | 154 |

ふさ
| 房 | 614 |

ふじ
| 藤 | 784 |

ふ-す
| 伏 | 1 |

ふ-せる
| 伏 | 1 |

ふた
| 蓋 | 581 |

ぶた
| 豚 | 149 |

ふち
| 縁 | 394 |

ブツ
| 勿 | 641 |

ふところ
| 懐 | 211 |

ふ-やす

殖	344
ふる-う	
奮	517
フン	
憤	210
紛	381
奮	517
噴	539
雰	620
墳	705

へ

ヘイ	
併	7
塀	223
弊	521
幣	522
陛	683
ヘキ	
癖	603
へだ-たる	
隔	126
へだ-てる	
隔	126
へび	
蛇	405
ヘン	
偏	17
遍	468
ベン	
弁	520

ほ

ホ	
舗	646
ほ	
穂	102
帆	772
ボ	
墓	224
慕	549
簿	589
ホウ	
傲	15
泡	40
邦	110
胞	142
砲	249
褒	324
飽	367
峰	375
崩	377
縫	396
奉	511
芳	571
俸	667
鞄	745
ボウ	
傍	18
肪	137
膨	154
謀	281
冒	291
妄	309
妨	314

紡	382
剖	427
房	614
某	677
ほう-ける	
惚	204
ほうむ-る	
葬	580
ほ-える	
吠	531
ほお	
頰	300
ほが-らか	
朗	144
ボク	
朴	74
撲	196
墨	227
牧	339
ぼ-ける	
惚	204
ほこ	
矛	657
ほこ-る	
誇	275
ほたる	
蛍	406
ボツ	
没	38
ほとほと	
殆	342
ほとん-ど	
殆	342

ほま-れ	
誉	273
ほ-める	
誉	273
褒	324
ほら	
洞	42
ほり	
堀	218
ほ-る	
彫	420
ほ-れる	
惚	204
ほろ-びる	
滅	59
ほろ-ぼす	
滅	59
ホン	
翻	445
奔	771
ボン	
煩	199
盆	502
凡	630

ま

マ	
魔	459
摩	519
麻	596
まかな-う	
賄	497
まき	

牧	339	まゆ		妙	310	滅	59
まぎ-らす		眉	158	苗	575	メン	
紛	381	ま-れ				免	550
まぎ-らわしい		稀	98	**む**			
紛	381	まわ-る		ム		**も**	
まぎ-らわす		巡	460	謀	281	モ	
紛	381	マン		霧	306	喪	529
まぎ-れる		慢	208	矛	657	茂	572
紛	381			むこ		藻	786
マク		**み**		婿	318	モウ	
膜	152	ミ		むな		耗	108
ま-く		徴	27	棟	89	盲	156
撒	195	眉	158	むな-しい		妄	309
蒔	582	魅	458	虚	605	猛	334
まくら		みき		むね		網	392
枕	80	幹	647	棟	89	モク	
まこと		みさき		旨	288	黙	480
誠	274	岬	371	むらさき		もぐ-る	
また		みささぎ		紫	387	潜	65
股	140	陵	122			モチ	
又	448	みじ-め		**め**		勿	641
またた-く		惨	202	め		もっと-も	
瞬	163	みぞ		眼	159	尤	655
まつ		溝	56	雌	443	もも	
松	78	みつ-ぐ		芽	573	桃	83
マツ		貢	437	メイ		もら-う	
抹	690	みにく-い		銘	237	貰	501
まなこ		醜	362	盟	503	も-らす	
眼	159	みね		めぐ-る		漏	60
まぬが-れる		峰	375	巡	460	も-る	
免	550	みや		めす		漏	60
まぼろし		宮	562	雌	443	も-れる	
幻	792	ミョウ		メツ		漏	60

モン	
紋	747

や

や	
矢	402
やかま-しい	
喧	535
ヤク	
躍	167
厄	637
疫	788
やはず	
筈	586
やみ	
闇	546
や-る	
遣	471

ゆ

ユ	
愉	205
癒	604
諭	721
ユイ	
唯	264
遺	472
ユウ	
湧	53
裕	327
猶	335
融	408
雄	442
悠	485
憂	489
幽	628
尤	655
ゆ-く	
逝	762
ゆ-さぶる	
揺	189
ゆ-すぶる	
揺	189
ゆ-する	
揺	189
ゆ-でる	
茹	577
ゆみ	
弓	409
ゆ-らぐ	
揺	189
ゆ-る	
揺	189
ゆる-す	
貰	501
ゆ-れる	
揺	189

よ

ヨ	
誉	273
よい	
宵	777
ヨウ	
揚	186
揺	189
謡	279
擁	694
窯	780
よ-う	
酔	355
ようや-く	
漸	63
ヨク	
翼	444
よご-れる	
垢	216
よみがえ-る	
蘇	584
よめ	
嫁	319
よろこ-び	
慶	487
よろ-しい	
宜	558

ら

ラ	
裸	328
羅	618
ラク	
酪	358
ラン	
濫	70
欄	95

り

リ	
里	509
痢	600
履	613
リュウ	
溜	58
竜	510
硫	711
リョ	
慮	488
虜	607
リョウ	
陵	122
糧	131
霊	305
寮	566
猟	737
リン	
鈴	232
臨	542
倫	666

る

ルイ	
累	748

れ

レイ	
鈴	232
霊	305
励	433
麗	523
レキ	
暦	293
レツ	

裂	323	僅	21
烈	478	**わずら-う**	
レン		煩	199
錬	709	**わずら-わす**	
廉	787	煩	199
		ワン	
		碗	250

ろ

ロ	
露	307
呂	526
炉	696
ロウ	
浪	46
漏	60
糧	131
朗	144
露	307
廊	598
楼	679
郎	682

わ

ワイ	
賄	497
わき	
脇	145
ワク	
或	625
わく	
枠	79
わ-く	
湧	53
わず-か	

필승합격 일본어능력시험 **N1** 한자 800

발 행 일	2022년 1월 20일 (초판 1쇄)
편 저	아스크출판 편집부
발 행 인	송부영
발 행 처	(주)해외교육사업단
출 판 등 록	제16-1456호
주 소	서울시 서초구 강남대로 381 두산 709호
전 화	02-736-1010
이 메 일	song@hed.co.kr
홈 페 이 지	www.hedgroup.co.kr

*본사에서는 소중한 원고, 새로운 기획의 제안을 기다리고 있습니다.
*이 책은 저작권법에 의해 보호를 받는 저작물이므로 무단 전재와 복제를 금합니다.
*잘못된 책은 구입하신 서점이나 본사에서 교환해드립니다.

©2021 Ask Publishing Co., Ltd.　Printed in Japan